1日1分！ 英字新聞
2022年版

——ニュースで身につく使える英語

石田 健

まえがき

こんにちは。石田健です。

私は東京都中央区で翻訳およびインターネットマーケティングの会社を運営する傍(かたわ)ら、メールマガジン「毎日1分！英字新聞」を発行しています。米国での大学院留学時代に身につけた英語力を維持するために2000年9月に発行を開始し、今年で21年になります。

平日毎日発行していて、購読者数は7万人を超えています。

世界最大級のメールマガジンポータルサイト「まぐまぐ！」によると、英字新聞を題材にしたメールマガジンとしては日本最大、英語カテゴリでも全体の2位です、

記事をもとにした書籍を『1日1分！英字新聞』シリーズとしてこれまでに11点刊行し、累計部数47万部のベストセラーになりました。

ここ数年は仕事に集中するため出版を控えていましたが、編集部からの熱いリクエストもあり、今回、久しぶりに書籍化することを決意しました。

2021年1月から12月までの記事の中から、「英語学習に役立つ」「バラエティに富んでいる」という2つの視点で厳選しました。

話題になったあのニュースが、英語だとこういう表現になるのか、と楽しんでください。

編集部によると、最近のメールマガジンは「以前よりも解説

が詳しくなったのでよりわかりやすい」「題材が多岐にわたるので読んでいて飽きない」とのことです。

たしかに、解説は長くなりました。その中でも、英語学習の視点から特に大事なところを、本書では「今日のポイント」と題して紹介しています。

また、英字新聞はさまざまなニュースを扱いますので、読んでいて飽きることがありません。英語学習は継続することが大事ですから、飽きないというのはとても大事です。本書でも、政治、スポーツ、芸能などなど、さまざまなテーマを取り上げています。

そこで使われているのは最新の時事英語・英単語ですから、使える英語力が自然に身につきます。

本書の有効な活用法をお伝えしましょう。

1 適当なページをめくり、英文を熟読して意味を推測する。
2 訳文を見て、自分の推測とあっているかどうか確認する。
3 わからない単語を確認し、頭の中で単語を記憶する。
4 英文を何度も音読する。
5 ネイティブの発音を繰り返し聴く。
英語学習アプリ Abceed から無料で聴くことができます。(巻末で詳しく解説します)

見開き2ページを読むのに、最初は5分以上かかるかもしれません。それでいいんです。じっくり理解するのに10分かかるかもしれません。大丈夫です。

少しずつでいいので、最後まで読み進めてください。すべての記事を読み終わったときには、1分間で読めるようになっているはずです。

さあ、目くるめくイングリッシュ・ワールドを私と一緒に冒険しましょう！

2021年12月

石田健

読者の声、ご紹介します!

本書はメールマガジン「毎日1分！英字新聞」2021年の記事をまとめています。

7万人以上が購読している「毎日1分！英字新聞」には、毎日、たくさんの読者の声が届きます。そのごく一部をご紹介します。英語学習の参考にしていただけたら幸いです。（編集部）

●貴メルマガは記事の長さ、解説の仕方など、数あるメルマガの中で最も優れています。これからもずっと拝読させていただきます。毎朝の有益な英語学習を行うとができることを感謝しています。

●毎日読ませていただき、とても勉強になっています。お陰様で英検準1級に合格でき、感謝しています。これからも、英語の勉強を続けていこうと思っています。

●かなり長くこのメルマガにはお世話になっていて、ずいぶん新聞を読めるようになりました。10年は読んでいる気がします。まだまだ英語は完璧ではなく、石田さんに助けられています。説明も、とてもわかりやすいです。大変だとは思いますが、これからも続けてくださいね。

●いつもありがとうございます。時事ネタを適切に扱って下さり助かっています。説明も簡単明瞭simple and clearです。これからも、楽しみにしています。政治に、科学に、経済と、幅広く取り上げて下さり感謝しています。こんな時節です。ご自愛ください。

●配信を毎日楽しみにしています。いろんな英語のメルマガを購読してきましたが、こちらのメルマガが一番長続きしています。

●ポイントを絞った勉強ができるので、続けられるし、次何が来るかが楽しみです。勉強として最高ではないでしょうか。これからも継続して読み続けていきたいと思っています。

●今回に限ったことではありませんが「訳出のポイント」は素晴らしいものです。お蔭様で英語を学びつつ先端の時事問題を勉強できることに感謝しております。

●もう10年以上拝読しており、毎日の楽しみ、英語力の向上に力を貸していただいております。

●毎号楽しみに拝読しております。時事ネタでもあり、とても勉強になり、役に立ちます。ありがとうございます。

●『毎日1分！英字新聞』を読ませていただいています。還暦を過ぎた身ですが、英語を身につけたいとの思いだけで学習を続けております。

●ニュースのトピックも今日本で起きていること、世界のこと、面白いことばかりで、内容も長すぎず新しい語彙を学んでいくのに、楽しく続けることができています！！また解説もすごくわかりやすく、石田さんの編集後記もふむふむと読ませてもらってます。

●文章そのままの解釈力はまだまだですが、自分なりに訳して訳文を見ますとその差が大変勉強になります。なんとか、レベルをあげてゆきたいと毎回楽しみにしております。

●いつも楽しく拝読＆勉強させていただいております。ありがとうございます。仕事中の栄養補給になっています。

Contents

編集協力 ギャンツ倖起恵／AtoZ English ブックデザイン 100mm design

この本の使い方

英文
メールマガジン「毎日1分！英字新聞」2021年1月から12月までの記事の中から、厳選して掲載しています。政治、経済、芸能、スポーツなど、バラエティに富んだ短い英文なので、最後まで飽きずに読み進められます。

14 January

Bitcoin Breaches $30,000 for First Time

Bitcoin, the world's largest virtual cryptocu… topped $30,000 for the first time on Satur… two weeks after crossing the $20,000 mark.

Jan 4,2021

CHECK!

- □ **breach** [br];t=Î] **(=top)** … ～を突破する（=～を上回…
- □ **virtual cryptocurrency** … 仮想暗号通貨
- □ **cross the $_ mark** … ～ドルの大台を超える

CHECK!
記事に出てくる重要語彙を紹介しています。覚えた単語は□欄でチェックしましょう。なお、発音記号のイタリックは省略可能という意味です。巻末の索引もご利用ください。

訳出のポイント

- breach はもともと法律、約束、協定などの「違反」を意味する名詞。壁、堤防などの「割れ目」、攻撃に…などに開けた「突破口」といった意味でも使われま…ら、城壁などを「破る」「突破する」→目標や限界を…という動詞としてもしばしば用いられる単語です。…しでは breach $30,000 で「3万ドルを突破する」「3…える」となっています。
- virtual は元来は名目上はそうではないが「実質上の」「事実上の」「実際上の」という形容詞。ここから、コンピュータ用語では「仮の」「仮想の」「ネットワーク上の」という意味で使われるようになったわけです。
- crypto- は「隠れた」「見えない」「秘密の」という連結形（結合辞）、currency が「通貨」なので、cryptocurrency で「隠れ…通貨」ということです。今日の場合は virtual…「仮想暗号通貨」。

訳出のポイント
記事の中の、押さえておきたい文法事項や和訳のヒントを、わかりやすく解説しています。

対訳
記事をこなれた日本語に翻訳しています。

対訳

「ビットコイン、初の3万ドル突破」

世界最大の仮想暗号通貨のビットコインが土曜日、初めて3万ドル（約310万円）を突破した。ビットコインはわずか2週間前に2万ドルの大台を超えたばかりだった。
2021年1月4日

TODAY'S POINT
今日のポイント

cross the $20,000 mark をどう訳すか

mark の原意は「印」「跡」。「記号」「符号」「目印」「標識」といった意味でおなじみの名詞ですが、努力、希望などの「目標」「目的」あるいは「水準」「標準」などの意味でも使われます。
cross は「〜を横断する」「〜を渡る」→「〜を超える」という動詞なので、cross the ＄20,000 mark で「2万ドル（という）目標を超える」→「節目の2万ドルを超える」「2万ドルの大台を超える」というわけです。したがって、本文末尾の just two weeks after crossing the $20,000 mark の部分は「2万ドルの大台を超えたわずか2週間後に」ということですね。
…立させて「(ビットコインは) わず…の大台を超えたばかりだった」とし

今日のポイント
英字新聞頻出の時事英単語やちょっとわかりにくい文法事項など、英語学習の視点から特に大事なところを解説しています。ここを読むだけでも、英語力がついてきます。

January,2021

4	Bitcoin Breaches $30,000 for First Time
5	Japan Could Declare State of Emergency for Tokyo Area This Week over Coronavirus
8	Trump Supporters Storm U.S. Capitol
14	Japan to Expand State of Emergency to 7 More Prefectures
18	Global COVID-19 Death Toll Tops 2 Million
21	A Vegan Restaurant Earns a Michelin Star, First in France
22	Biden Inauguration: New U.S. President Swiftly Starts Reversing Trump Policies
26	Godiva to Close All 128 Stores in North America
27	Japan Likely to Reach Herd Immunity in October, Two Months after Olympics
29	Biden and Suga Hold First Phone Conversation

2021年1月

4日	ビットコイン、初の3万ドル突破
5日	新型コロナ:今週中に首都圏に緊急事態宣か
8日	トランプ支持者、米議会議事堂に乱入
14日	日本が緊急事態宣言拡大へ、7府県を追加
18日	世界の新型コロナ死者数、200万人突破
21日	ビーガン・レストランがミシュラン星獲得、フランス初
22日	米バイデン新大統領、 就任直後にトランプ氏の政策からの転換開始
26日	ゴディバ、北米全128店舗を閉店へ
27日	日本の集団免疫獲得は10月ごろ、五輪の2カ月後の見通し
29日	バイデン米大統領、菅首相と初の電話会談

Bitcoin Breaches $30,000 for First Time

Bitcoin, the world's largest virtual cryptocurrency, topped $30,000 for the first time on Saturday, just two weeks after crossing the $20,000 mark.

Jan 4,2021

CHECK!

- ☐ **breach** [bríːtʃ] **(=top)** … ～を突破する（=～を上回る）
- ☐ **virtual cryptocurrency** … 仮想暗号通貨
- ☐ **cross the $_ mark** … ～ドルの大台を超える

訳出のポイント

- breach はもともと法律、約束、協定などの「違反」「不履行」を意味する名詞。壁、堤防などの「割れ目」、攻撃によって城壁などに開けた「突破口」といった意味でも使われます。ここから、城壁などを「破る」「突破する」→目標や限界を「超える」という動詞としてもしばしば用いられる単語です。今日の見出しでは breach $30,000 で「3万ドルを突破する」「3万ドルを超える」となっています。
- virtual は元来は名目上はそうではないが「実質上の」「事実上の」「実際上の」という形容詞。ここから、コンピュータ用語では「仮の」「仮想の」「ネットワーク上の」という意味で使われるようになったわけです。
- crypto- は「隠れた」「見えない」「秘密の」という連結形（結合辞）。currency が「通貨」なので、cryptocurrency で「隠れた通貨」→「暗号通貨」ということです。今日の場合は virtual cryptocurrency で「仮想暗号通貨」。

対訳

「ビットコイン、初の3万ドル突破」

世界最大の仮想暗号通貨のビットコインが土曜日、初めて3万ドル（約310万円）を突破した。ビットコインはわずか2週間前に2万ドルの大台を超えたばかりだった。

2021年1月4日

cross the $20,000 mark をどう訳すか

markの原意は「印」「跡」。「記号」「符号」「目印」「標識」といった意味でおなじみの名詞ですが、努力、希望などの「目標」「目的」あるいは「水準」「標準」などの意味でも使われます。

crossは「～を横断する」「～を渡る」→「～を超える」という動詞なので、cross the ＄20,000 markで「2万ドル（という）目標を超える」→「節目の2万ドルを超える」「2万ドルの大台を超える」というわけです。したがって、本文末尾のjust two weeks after crossing the $20,000 markの部分は「2万ドルの大台を超えたわずか2週間後に」ということですね。

対訳では、この部分を独立させて「（ビットコインは）わずか2週間前に2万ドルの大台を超えたばかりだった」としています。

Japan Could Declare State of Emergency for Tokyo Area This Week over Coronavirus

Japan's Prime Minister Yoshihide Suga said at a press conference on Monday that the government is considering re-declaring a state of emergency for Tokyo and three neighboring prefectures as coronavirus cases continue to rise.

Jan5,2021

CHECK!

- □ **declare a state of emergency** … 緊急事態宣言を発出する
- □ **press conference** … 記者会見
- □ **consider** [kənsídər] … ～を検討する
- □ **re-declare** … 再発出する
- □ **neighboring prefectures** … 隣接県
- □ **rise** [ráɪz] … 増加する

訳出のポイント

- 見出し中の Tokyo area は直訳すると「東京地域」「東京圏」。意味的には「首都圏」と考えてよいでしょう。
- consider は物・事について「よく考える」「熟慮する」「検討する」という動詞。そこで、the government is considering re-declaring a state of emergency の部分は「(日本) 政府は緊急事態宣言を再発令することを検討している」→「政府は緊急事態宣言の再発出を検討している」。

対訳

「新型コロナ：今週中に首都圏に緊急事態宣言か」

コロナの感染者数が増加し続ける中、日本政府は東京都と隣接3県を対象に緊急事態宣言の再発出を検討しているという。菅義偉首相が月曜日の記者会見で述べた。

2021年1月5日

declare a state of emergency

declare a state of emergency「緊急事態宣言を発出する」「緊急事態を宣言する」という言い方は、新型コロナの流行以来、英字新聞でも頻出の表現となってしまいました。
ここでも再確認しておきましょう。
さらに、今日の本文では、declareに「再び～」という接頭辞re-が加わったre-declareという動詞を用いてre-declare a state of emergency「緊急事態宣言を再発出する」という表現もあります。

Trump Supporters Storm U.S. Capitol

Supporters of President Donald Trump stormed the U.S. Capitol Building on Wednesday in an attempt to overturn the results of the November 3rd presidential election.

Jan8,2021

CHECK!

- □ **storm** [stɔ́:rm] … ～に乱入する
- □ **Capitol** [kǽpətl] **(Building)** …【米国】連邦議会議事堂
- □ **in an attempt to** … ～しようとして
- □ **overturn** [òuvərtə́:rn] … ～を覆（くつがえ）す
- □ **results** [rɪzʌ́lts] … 結果
- □ **presidential election** … 大統領選挙

訳出のポイント

● storm はもともとは「嵐」「暴風雨」を意味する名詞ですね。ここから「嵐が荒れ狂う」→嵐のように「～を強襲する」「～を攻撃する」あるいは嵐のように激しく「～に突入する」「～に飛び込む」といった意味にもなります。英字新聞では「～に乱入する」としても使われます。

● Capitol の語源は古代ローマにカピトリヌスの丘に建てられた神殿 Capitolium「カピトリウム」。これにちなんで米ワシントン D.C. の連邦議事堂（国会議事堂）がある丘は Capitol Hill と名付けられました。the United States (=U.S.) Capitol あるいは the United States Capitol Building で「米連邦議会議事堂」を意味し、しばしば the Capitol とも呼ばれます。

対訳

「トランプ支持者、米議会議事堂に乱入」

水曜日、ドナルド・トランプ米大統領の支持者らが、2020年11月3日に行われた大統領選挙の結果を覆そうとして連邦議会議事堂に乱入した。

2021年1月8日

attemptは「試み」

attemptは「試み」「企て」なので、in an attempt to Vで「〜しようとする試みにおいて」→「〜しようとして」「〜しようと企てて」という言い方。
したがって、本文後半のin an attempt …以下は「11月3日の大統領選挙の結果をひっくり返そうとして」→「昨年11月3日に行われた大統領選挙の結果を覆そうとして」というわけですね。

Japan to Expand State of Emergency to 7 More Prefectures

The Japanese government is expected to expand the nation's second state of emergency over the COVID-19 pandemic, adding seven prefectures of Osaka, Hyogo, Kyoto, Aichi, Gifu, Fukuoka, and Tochigi. Jan14,2021

CHECK!

- ☐ **expand A to B** … AをBまで拡大する
- ☐ **state of emergency** … 緊急事態
- ☐ **prefecture** [príːfektʃər] … 【日本】県（都・道・府）
- ☐ **be expected to** … ～する見通しである、見込みである
- ☐ **COVID-19 pandemic** … 新型コロナウイルス感染症の大流行
- ☐ **add** [ǽd] … ～を追加する

訳出のポイント

● addは「～を加える」「～を付け足す」という動詞。本文末尾のadding以下は「大阪、兵庫、京都、愛知、岐阜、福岡、栃木の7府県を付け足す」→「大阪、兵庫、京都、愛知、岐阜、福岡、栃木の7府県を追加する」となります。

●「パンデミック」pandemicは感染症の「全国的流行」「世界的流行」を意味する名詞。今日の場合はCOVID-19 pandemicで「新型コロナウイルス感染症の大流行」となっています。そこで、the nation's second state of emergency over the COVID-19 pandemicの部分は「新型コロナウイルス感染症の大流行をめぐるその国（＝日本）の2度目の緊急事態宣言」。

対訳

「日本が緊急事態宣言拡大へ、7府県を追加」

日本政府は、新型コロナウイルス感染症の大流行をめぐる2度目の緊急事態宣言を拡大し、大阪、兵庫、京都、愛知、岐阜、福岡、栃木の7府県を対象に追加する見込みである。

2021年1月14日

expandをどう訳すか

expandは大きさ、数量などの点で「〜を広げる」「〜を拡大(拡張)する」という動詞。expand A to Bで「AをBへと広げる」「AをBまで拡大する」という言い方になります。

そこで、今日の見出しのexpand state of emergency to 7 more prefecturesは「緊急事態宣言をさらなる(あと)7府県まで拡大する」→「緊急事態宣言を拡大して、(さらに)7府県を対象に追加する」ということですね。

Global COVID-19 Death Toll Tops 2 Million

The worldwide death toll from coronavirus surpassed 2 million on Friday, according to Johns Hopkins University, just over a year after the first COVID-19 death was confirmed in Wuhan, China.

Jan18,2021

CHECK!

- ☐ **global** [glóubl] **(=worldwide)** … 世界の
- ☐ **death toll** … 死亡者数
- ☐ **top** [tá:p] **(=surpass)** … ～を超える
- ☐ **just over a year after** … わずか１年余り後に

訳出のポイント

- globe はもともと「球」「球体」という名詞。ここから、「天体」「惑星」→「地球」→「世界」という意味でも頻出の語となっています。この globe から派生した形容詞である global は「球の」「球形の」あるいは「地球（上）の」→「世界の」「全世界の」という意味になるわけです。
- 本文で登場している worldwide は「世界の広範囲に渡った」「世界中に広まった」→「世界的な」という形容詞。そこで、global death toll および worldwide death toll はどちらも「全世界における死亡者数」「世界の死亡者数」ということですね。
- death toll は事件、事故、災害、戦争などによる「死亡者数」を意味します。英字新聞でも頻出の重要表現なので、しっかり再確認を！

対訳

「世界の新型コロナ死者数、200万人突破」

ジョンズ・ホプキンズ大学によると、新型コロナウイルスによる世界の死者数が金曜日に200万人を超えた。中国の武漢で初の死者が確認されてから、わずか1年余りである。

2021年1月18日

「超過」としてのover

前置詞overにはさまざまな用法がありますが、今日の場合は【超過】の意。すなわち、数量や程度が「〜より多く」「〜より上で」という意味になっています。
just over a year after 〜で「〜からわずか1年より（少し多く）後に」→「〜から、わずか1年余り後に」ということですね。したがって本文後半のjust以下は「中国の武漢で最初の新型コロナウイルス感染死が確認されてからわずか1年余り後に」→「中国の武漢で新型コロナウイルスによる初の死者が確認されてから、わずか1年余り後に」。
対訳では、この部分を独立させ、さらに、前半ですでに“新型コロナウイルスによる死亡者数”と述べているので、繰り返しを省いて“新型コロナウイルスによる初の死者”→“死者”としています。

A Vegan Restaurant Earns a Michelin Star, First in France

A vegan restaurant in southwest France has been awarded a Michelin star, the first of its kind in the country to receive the distinction.

Jan21,2021

CHECK!

- ☐ **vegan** [víːgən] … ビーガン、完全菜食主義
- ☐ **earn a Michelin star** … ミシュラン（ガイド）の１つ星を獲得する
- ☐ **be awarded** … ～を授与される→～を獲得する
- ☐ **receive the distinction** … 栄誉

訳出のポイント

- 日本語でも「ビーガン」あるいは「ヴィーガン」という言葉が聞かれるようになってきました。「完全菜食主義（者）」とも訳されます。いわゆる vegetarian「ベジタリアン」「菜食主義」は肉や魚を食べず穀物、野菜、果物、豆類など植物性食品を中心とした食生活を送ることを意味します。それに対して vegan は、卵や乳製品、はちみつなども含め、動物由来の食品は全て口にしないので、"完全菜食主義"というわけです。「ビーガン・レストラン」は、この完全菜食主義に基づき、植物性食品のみを使用する食事を提供するレストランとなっています。
- earn はもともと労働などの対価として「お金を得る」「かせぐ」という動詞。ここから、努力などへの報いとして信用、名声、地位、評価などを「得る」「獲得する」という意味合いで広く使われる単語となっています。

対訳

「ビーガン・レストランがミシュラン星獲得、フランス初」

フランス南西部にあるビーガン（完全菜食主義）レストランが、ミシュランの1つ星という栄誉を獲得した。この種のレストランとしては同国初である。

2021年1月21日

TODAY'S POINT
今日のポイント

「栄誉」と訳されることもあるdistinction

distinctionは「区別」「相違」という名詞ですが、「栄誉」「名誉」の意味でも使われます。
今日の場合はreceive the distinction「その栄誉を受け取る」→「（栄誉である）ミシュラン1つ星を獲得する」という意味になっています。
そこで、本文全体を直訳すると
「フランス南西部にあるビーガン・レストランがミシュラン1つ星を獲得し、同国でその栄誉（＝ミシュラン1つ星）を獲得した、最初のその種類（＝ビーガン・レストラン）となった」。
対訳では、2文に分けて
「フランス南西部にあるビーガン・レストランが、ミシュランの1つ星という栄誉を獲得した。この種のレストランとしては同国初である」
としています。

Biden Inauguration: New U.S. President Swiftly Starts Reversing Trump Policies

Joe Biden was sworn in as the 46th U.S. President on Wednesday. Just hours into the job, Biden signed executive orders, including actions to rejoin the Paris Agreement and impose a mask mandate in federal buildings.

Jan22,2021

CHECK!

- □ **inauguration** [ɪnɔ̀ːgjəréɪʃən] … （米国大統領の）就任
- □ **swiftly** [swíftli] … 迅速に
- □ **reverse policies** … 政策を転換する
- □ **be sworn in as** … ～に就任（宣誓）する
- □ **sign executive orders** … 大統領令に署名する
- □ **action** [ǽkʃən] **(s)** … 措置
- □ **rejoin the Paris Agreement** … パリ協定に復帰する
- □ **impose a mask mandate** … マスク着用を義務化する
- □ **in federal buildings** … 連邦政府の庁舎内で

訳出のポイント

- swear は「～を誓う」「～を宣誓する」（人に）「～を誓わせる」「～を宣誓させる」。be sworn in as ～で「～として宣誓させられる」→「～に（宣誓して）就任する」。
- mandate は権力を持つ者が発する「命令」「指令」の意。「義務」に近いニュアンスで使われることも多いです。

対訳

「米バイデン新大統領、就任直後にトランプ氏の政策からの転換開始」

水曜日にジョー・バイデン氏が第46代アメリカ合衆国大統領に就任した。バイデン氏は執務開始からわずか数時間後には、米国のパリ協定への復帰や連邦政府庁舎内でのマスク着用義務化などの措置を含む大統領令に署名した。

2021年1月22日

意外に難しい見出しの訳し方

inaugurationは「就任（式）」あるいは公共施設などの「開業」「落成」を意味する名詞。特に米国では大統領の「就任」「就任式」を指して使われ、4年に1度、新大統領の就任式が行われる1月20日はInauguration Dayと呼ばれています。
reverseは「〜を入れ替える」「〜を逆にする」「〜をひっくり返す」という動詞。
reverse policiesで「政策を覆す」「政策を転換する」という言い方になりますね。
これらを踏まえると、今日の見出しは「バイデン氏の就任：米新大統領は迅速にトランプ氏の政策を覆すことを開始する」→「米バイデン新大統領、就任直後にトランプ政策からの転換開始」というわけです。

Godiva to Close All 128 Stores in North America

Godiva will close all 128 of its brick-and-mortar stores in North America by the end of March, the luxury chocolatier announced.

Jan26,2021

CHECK!

- ☐ **close** [klóuz] **(a store)** … 閉店する
- ☐ **brick-and-mortar store** … 実店舗
- ☐ **luxury chocolatier** … 高級チョコレートメーカー

訳出のポイント

- close はもともと、開いているドア、窓などを「閉じる」「閉める」という動詞。店や工場などを「閉じる」「閉鎖する」「営業を中止する」という意味でも頻出ですね。close a store だと「店を閉める」「閉店する」。“その日の営業時間が終わって閉店する”という場合にも“営業を辞めて完全に閉店する”という場合にも使われる表現です。
- brick は「れんが」で、mortar は「モルタル」。そこで、brick-and-mortar は「れんがとモルタルでできた」という形容詞。ここから、近年は店舗などが、インターネット上ではなく「建物を持っている」→「実在の」という意味でしばしば使われるようになっています。a brick-and-mortar store あるいは a brick-and-mortar shop で「実店舗」、ネットショップに対する「リアルショップ」という意味になるわけです。

対訳

「ゴディバ、北米全 128 店舗を閉店へ」

高級チョコレートメーカーのゴディバは、北米にある実店舗 128 店の全てを 3 月末までに閉店すると発表した。

2021 年 1 月 26 日

TODAY'S POINT
今日のポイント

広告で使われる luxury

luxury の語源は「豪華さ」「過剰」を意味するラテン語 luxuria。ここから「豪華さ」「快適な状態」「贅沢」という名詞となっています。

形容詞形は luxurious ですが、luxury の方が語調が強いため、特に広告などでは形容詞的に「豪華な」「贅沢な」「高級な」という意味合いで多用される傾向があります。

今日の場合は luxury chocolatier で「高級チョコレートメーカー」というわけです。

ちなみに chocolatier はもともとはフランス語で高級な「チョコレート製造販売会社」「チョコレート菓子職人」。最近では日本語でも「ショコラティエ」と言われるようになってきましたね。

Japan Likely to Reach Herd Immunity in October, Two Months after Olympics

Japan is on track to achieve herd immunity to COVID-19 this year, but that likely won't happen in time for the planned summer Olympics in Tokyo, according to a U.K. researcher.

Jan27,2021

CHECK!

- ☐ **likely** [láɪkli] …（たぶん）～しそうである
- ☐ **be on track to** … ～する軌道に乗っている→～する見通しである
- ☐ **won't happen in time for** … ～に間に合わない
- ☐ **planned** [plænd] … 計画された→予定された

訳出のポイント

- herd はもともとはウシ、ゾウ、シカなど動物の「群れ」を指す名詞です。ここから、「人の群れ」「群衆」という意味にも使われます。今日の場合は herd immunity で「集団免疫」となっています。reach herd immunity to ～あるいはachieve herd immunity to ～で「～に対する集団免疫を達成する」→「～への集団免疫を獲得する」ということですね。
- be on track は事業、計画などが「軌道に乗っている」「順調に進んでいる」。be on track to V だと「～する軌道に乗っている」「順調に～する方向に進んでいる」→「～する見通し（見込み）である」。本文前半の Japan is on track to achieve herd immunity to COVID-19 this year の部分は「日本は新型コロナウイルス感染の集団免疫を今年獲得する見込みである」。

対訳

「日本の集団免疫獲得は 10 月ごろ、五輪の 2 カ月後の見通し」

英国の研究者によると、日本は今年中に新型コロナウイルスに対する集団免疫を獲得すると見込まれるが、東京で開催が予定されている夏季オリンピックにはおそらく間に合わないという。

2021 年 1 月 27 日

happen の自然な訳し方

happen は事が「起きる」「生じる」という動詞。
won't happen in time for 〜は「〜に間に合うようには起きない」→「〜に間に合わない」という言い方になります。
したがって
but that likely won't happen in time for the planned summer Olympics in Tokyo
の部分は「しかし、それ（＝日本が集団免疫を獲得すること）はおそらく東京で予定されている夏季オリンピックに間に合わない」→（日本は集団免疫を獲得する見込みだが）「東京で開催が予定されている夏季オリンピックにはおそらく間に合わない」というわけです。

Biden and Suga Hold First Phone Conversation

U.S. President Joe Biden and Japan's Prime Minister Yoshihide Suga agreed to work closely together to strengthen further the alliance between the two countries in their first telephone conversation on Wednesday.

Jan29,2021

CHECK!

- ☐ **hold a telephone conversation** … 電話会談を行う
- ☐ **agree to V** … ～することで合意する→～することで一致する
- ☐ **work closely together** … 密接に協力する
- ☐ **strengthen further** … いっそう強化する
- ☐ **alliance** [əláɪəns] … 同盟

訳出のポイント

● telephone conversation あるいは略して phone conversation は直訳すると「電話での会話」。hold a telephone conversation だと「電話での会話を持つ」→「電話で会話する」という言い方になります。ただし、今日の場合のように要人や公人の"電話の会話"は「電話会談」あるいは「電話協議」のように訳すのが通例となっていますね。そこで、今日の場合は hold (their) first telephone conversation で「初の電話会談を行う」ということです。

● work together は文字通り訳すと「ともに働く」。「一緒に努力する」「一致協力する」「連携する」といったニュアンスでよく使われる表現です。ここでは work closely together で「密接に協力する」となっています。

対訳

「バイデン大統領、菅首相と初の電話会談」

ジョー・バイデン米大統領と日本の菅義偉首相は水曜日に初めて電話で会談し、日米同盟のいっそう強化のために密接に協力することで一致した。

2021年1月29日

strengthen の訳し方

strengthen は「〜を強める」「〜を強固にする」。
strengthen further the alliance between the two countries の部分は「2つの国の間の同盟をさらに強くする」→「日米同盟をさらに強化する」というわけです。

February,2021

2	Myanmar Military Seizes Power
5	Jeff Bezos to Step Down as Amazon CEO
9	9 Dead and 140 Missing After Broken Glacier Triggers Floods in Northern India
10	Tesla's $1.5 Billion Purchase Causes Bitcoin to Spike
12	3 Cubans Rescued After Surviving on Coconuts for 33 Days on Deserted Island
16	Japan's Economy Shrinks 4.8% in 2020
17	Nikkei Tops 30,000 for 1st Time in 30 Years
19	Facebook Bans Viewing News in Australia
22	Naomi Osaka Captures Second Australian Open Title
25	Tiger Woods Undergoes Surgery for Leg Injuries after Car Crash

2021年2月

2日	ミャンマー国軍、政権を掌握
5日	ジェフ・ベゾス氏、アマゾンCEO退任へ
9日	インド北部で氷河崩壊、洪水で9人死亡140人不明
10日	ビットコイン急騰、テスラの15億ドル購入で
12日	3人のキューバ人を救助、 無人島でココナッツ食べ33日間生存
16日	2020年の日本経済、4.8%縮小
17日	日経平均3万円超え、30年ぶり
19日	フェイスブック　豪州でニュース閲覧を禁止
22日	大坂なおみ、全豪オープン2度目の優勝
25日	タイガー・ウッズが自動車事故、脚に負傷で手術

Myanmar Military Seizes Power

Myanmar's military took control of the country and declared a state of emergency following the arrest of Aung San Suu Kyi and other political leaders.

Feb2,2021

CHECK!

- ☐ **military** [mílətèri] … 軍
- ☐ **seize power** … 政権を奪取する
- ☐ **take control of the country** … 国の支配権（=政権）を握る
- ☐ **declare a state of emergency** … 非常事態宣言を発令する
- ☐ **Aung San Suu Kyi** … アウン・サン・スー・チー氏（国家顧問）
- ☐ **political leader** … 政治指導者
- ☐ **be arrested** … 拘束される

訳出のポイント

● seizeの語源は「手に入れる」「押収する」という中世ラテン語sacire。ここから、「～を急にぐいとつかむ」「～をつかみ取る」という動詞になっています。物件、財産などを「押収する」「没収する」「差し押さえる」の意、そして敵地や権力を「奪い取る」「奪取する」という意味でもしばしば使われます。今日はseize power (=seize political power)で「政権を奪取する」「政権を掌握する」という表現です。

●本文の後半following以下は、直訳すると「アウン・サン・スー・チー国家顧問とその他の政治指導者らの逮捕の後に」。つまり、「アウン・サン・スー・チー国家顧問を含む政治指導者らを拘束した後に」となっています。

対訳

「ミャンマー国軍、政権を掌握」

ミャンマー国軍が、アウン・サン・スー・チー国家顧問を含む政治指導者らを拘束した後、政権を掌握し、非常事態宣言を発令した。

2021年2月2日

take control of について

本文に出てくる take control of ～は「～を制御（管理・掌握）する」「～の支配権（主導権）を握る」という言い方。
そこで、
took control of the country で「国の支配権を握った」→「政権を掌握した」ということですね。

Jeff Bezos to Step Down as Amazon CEO

Jeff Bezos, who started Amazon in his garage 27 years ago, announced that he will step down as chief executive officer of the Internet retailing behemoth.

Feb5,2021

CHECK!

- □ **step down** … 退く→退任する
- □ **CEO** [síːìːóu] **(=chief executive officer)** … 最高経営責任者
- □ **technology behemoth** … 巨大テクノロジー企業

訳出のポイント

- step down は直訳すると「降りる」。ここから、(高い) 地位 (職) から「降りる」→「退任 (辞職) する」という意味で頻出の句動詞となっています。step down as ～で「～として (の地位・職) から退任する」→「～を退任する」という言い方です。
- CEO は日本語でもそのまま通じるようになってきましたね。chief executive officer の略で「最高経営責任者」と訳されます。step down as CEO (=chief executive officer) で「最高経営責任者を退任する」というわけです。
- behemoth はもともと旧約聖書に登場する巨獣。ここから、「巨大で力があり危険なもの (人)」を指すようになりました。近年では、特に「巨大企業」の意味でしばしば用いられます。本文末尾の the Internet retailling behemoth は「そのインターネット小売り巨大企業」でアマゾンを言い換える (=説明する) 表現となっています。

対訳

「ジェフ・ベゾス氏、アマゾンCEO退任へ」

いまや巨大なインターネット小売り企業となったアマゾンを、27年前に自宅のガレージで創業したジェフ・ベゾス氏が、同社の最高経営責任者を退任すると発表した。

2021年2月5日

startは「始める」だけじゃない

startは「始める」「開始する」の意味でおなじみの基本動詞。事業などを「起こす」→「起業する」「創業する」という意味合いでもよく使われます。
今日の場合は
started Amazon in his garage 27 years agoで
「27年前に彼の（＝自宅の）ガレージでアマゾンを創業した」ということですね。

9 Dead and 140 Missing After Broken Glacier Triggers Floods in Northern India

At least 9 people were dead and more than 140 missing after a piece of a Himalayan glacier broke off and fell into a river, triggering floods in Uttarakhand, northern India.

Feb9,2021

CHECK!

- [ ] **missing** [mísɪŋ] … 行方不明の
- [ ] **glacier** [gléɪʃər] … 氷河
- [ ] **trigger** [trígər] …【動詞】～を引き起こす
- [ ] **flood** [flʌ́d] … 洪水
- [ ] **break off** … 裂ける、割れる→（一部が）崩れる
- [ ] **fall into a river** … 川に落ちる
- [ ] **Uttarakhand** [utərɑ:kʌnd] …【インド】ウッタラカンド州

訳出のポイント

- missing は「あるべき所にない」「いるべき所にいない」という形容詞。ここから、物が「見つからない」「欠けている」「なくなっている」、あるいは人が「行方不明の」という意味合いでよく使われる単語となっています。a missing person だと「行方不明者」「失踪者」ということです。
- 句動詞 break off にはものの一部が「壊れる」「割れる」「砕ける」「ちぎれる」という意味があります。そこで、a piece of a Himalayan glacier broke off and fell into a river の部分は「ヒマラヤの氷河のかけら（一片）が壊れて川に落ちた」→「ヒマラヤの氷河の一部が崩れて川に落ちた」というわけです。

対訳

「インド北部で氷河崩壊、洪水で9人死亡140人不明」

インド北部のウッタラカンド州でヒマラヤの氷河の一部が崩れて川に落ち、洪水を引き起こした。少なくとも9人が死亡し、140人以上が行方不明となっている。

2021年2月9日

動詞としても使われる trigger

trigger はもともと鉄砲の「引き金」を意味する名詞。
ここから、比喩的に物事を引き起こす「引き金」「誘因」「きっかけ」という意味でも頻出します。
また、動詞としては「引き金を引く」「銃を発射する」の意、そして、英字新聞では「～の引き金（きっかけ）となる」→「～を誘発する」「～を引き起こす」という意味でしばしば使われます。しっかり押さえておきましょう。
今日の場合も、trigger floods で「洪水を引き起こす」という言い方になっています。

Tesla's $1.5 Billion Purchase Causes Bitcoin to Spike

Bitcoin soared to a new record high of $44,800 after the electric car maker Tesla said it bought about $1.5bn of the cryptocurrency in January and will soon accept it as payment for its products.

Feb10,2021

CHECK!

- ☐ **purchase** [pə́ːrtʃəs] …【名詞】購入
- ☐ **cause ～ to V** … ～に…させる
- ☐ **soar to a new record high** … 急騰して史上最高値をつける
- ☐ **cryptocurrency** [kríptoukʌ̀rənsi] … 暗号通貨
- ☐ **accept** [əksépt] … ～を認める、受け入れる
- ☐ **payment** [péɪmənt] … 支払い

訳出のポイント

● soarの原意は鳥、飛行機、ボール、スキーヤーなどが空高く「舞い上がる」「飛ぶ」。ここから、相場、利益、価格などが「急に上がる」「急上昇する」「急騰する」という意味でもよく使われます。今日の場合はsoar to a new record highで「新しい最高値まで急騰する」→「急騰して史上最高値をつける」となっています。

●末尾のwill soon accept it as payment for its productsの部分については、「すぐに、それ（＝その暗号通貨＝ビットコイン）をその（＝テスラの）製品に対する支払いとして認める」→「近いうちに、テスラ製品の購入がビットコインで支払えるようにする」ということですね。

対訳

「ビットコイン急騰、テスラの 15 億ドル購入で」

電気自動車メーカーのテスラが、1月に暗号通貨のビットコインを15億ドル（約1600億円）購入し、近いうちに同社製品の購入もビットコインで支払えるようにすると明らかにした。これを受けてビットコインは急騰し、史上最高値となる4万4800ドル（約470万円）をつけた。

2021年2月10日

purchase と buy を使い分ける

purchase はもともと「購入する」という動詞。
意味的には buy と類似ですが、より正式な語感になります。buy ＝「買う」purchase ＝「購入する」といった感覚で覚えておくといいかもしれません。
今日の見出しでは、「購入」「買い入れ」という意味の名詞として使われています。
見出し全体を直訳すると「テスラの15億ドル購入が、ビットコインを急騰させる」。
つまり、「テスラの15億ドル購入によって、ビットコインが急騰する」という意味ですね。

3 Cubans Rescued After Surviving on Coconuts for 33 Days on Deserted Island

The U.S. Coast Guard rescued three Cuban from an uninhabited island in Bahamas after they had been living off coconuts for 33 days.

Feb12,2021

CHECK!

- ☐ **Cuban** [kjú:bən] … キューバ人
- ☐ **rescue** [réskju:] … ～を救助する
- ☐ **survive on (=live off)** … ～だけで（を食べて）生きる
- ☐ **coconut** [kóʊkənʌ̀t] … ココナッツ
- ☐ **deserted (=uninhabited) island** … 無人島
- ☐ **U.S. Coast Guard** … 米国沿岸警備隊
- ☐ **Bahamas** [bəhɑ́:məz] … バハマ

訳出のポイント

- survive は事故、災害、危機、逆境などを切り抜けて「生き抜く」「生き残る」という意味でおなじみの動詞ですね。survive on ～だと「～で生き残る」→「～で何とか生きる」「～で何とかやっていく」という意味合いになります。
- deserted は「人の住まない」「さびれた」。a deserted village だと「廃村」。今日のタイトルは deserted island「人が住んでいない島」→「無人島」。
- uninhabited は「人が住んでいる」「住民がいる」という形容詞 inhabited の前に否定の接頭辞 un- がついたもので、「人が住んでいない」「住民がいない」の意。an uninhabited island は「人が住んでいない島」→「無人島」となります。

対訳

「3人のキューバ人を救助、無人島でココナッツ食べ33日間生存」

米国沿岸警備隊が、バハマの無人島で33日間ココナッツだけを食べてしのいでいたという3人のキューバ人を救助した。

2021年2月12日

live に off が加わると

live off ～はもともと「～で生きる」「～で生計を立てる」という言い方。ここから、「～だけを食べて生きる」という意味でも使われる表現となっています。
そこで、文末の
after they had been living off coconuts for 33 days
の部分は「彼ら（3人のキューバ人）が33日間ココナッツだけを食べて生きた後で(救助された)」→「33日間ココナッツだけを食べて何とかしのいだ後に（救助された)」ということです。

Japan's Economy Shrinks 4.8% in 2020

Japan's gross domestic product shrank 4.8 % in 2020. It was the first annual negative growth of the world's third-largest economy since 2009.

Feb16,2021

CHECK!

- [ ] **shrink** [ʃríŋk] … 縮小する
- [ ] **gross domestic product** … 国内総生産（＝GDP）
- [ ] **annual** [ǽnjuəl] … 1年の
- [ ] **negative growth** … マイナス成長
- [ ] **world's third-largest economy** … 世界第3位の経済大国

訳出のポイント

● economyはもともと「節約」「倹約」を意味する名詞。ここから、国家や社会などの「経済」「財政」を指すようになったわけです。国家の組織、富としての経済という意味での「経済組織」「経済圏」という意味合いでも使われます。そこで、the world's third-largest economyは「世界の3番目に大きい経済圏（＝日本）」→「世界3位の経済大国（である日本）」ということですね。

●本文第2文全体としては「2009年以来初めての、世界第3位の経済大国（＝日本）の年間を通じてのマイナス成長だった」。すなわち、"2009年以来、月や四半期という単位でのマイナス成長はあったものの、年間を総じた数字としてのマイナス成長は、2020年が初めてだった"という意味合いが込められているわけです。対訳では「1年間総じてのマイナス成長は、2009年以来初めてである」としています。

対訳

「2020年の日本経済、4.8%縮小」

世界第3位の経済大国である日本の2020年国内総生産は、4.8%減少となった。同国の1年間総じてのマイナス成長は、2009年以来初めてである。

2021年2月16日

英字新聞頻出単語 shrink

shrinkは「縮む」「小さくなる」という動詞。
量、価値などが「減少する」「減る」という意味でも使われます。
ここから、英字新聞では予算や経済などが「縮小する」という文脈でしばしば使われる単語となっています。
shrink _% で「__%縮小する」「__%減少する」という言い方ですね。

Nikkei Tops 30,000 for 1st Time in 30 Years

Japan's Nikkei Average rebounded sharply on Monday to close above 30,000 for the first time since August 1990.

Feb17,2021

CHECK!

- ☐ **Nikkei** [ní:keɪ] **(Average)** … 日経平均株価
- ☐ **top** [tɑ́:p] … ～を超える
- ☐ **rebound sharply** …（株価が）急反発する
- ☐ **close above _ mark** … 終値が__の大台を超える

訳出のポイント

- 株価関連の記事でNikkeiと言えばNikkei AverageあるいはNikkei Stock Averageの略。「日経平均」「日経平均株価」のことですね。
- topは「～を上回る」「～を超える」という動詞としても頻出なので、再確認を。
- 日本語でも浸透している「リバウンド」の語源であるreboundは「はね返る」という動詞。ここから株価などが「立ち直る」「回復する」「反発する」という意味でも使われます。今日の場合はrebound sharplyで「急に立ち直る」→「急反発する」「大幅に反発する」という意味になっています。

対訳

「日経平均3万円超え、30年ぶり」

月曜日、日本の日経平均株価は急反発し、終値としては1990年8月以来初めて3万円の大台を回復した。

2021年2月17日

株式用語としてのclose

「閉じる」「閉まる」「終わる」という意味でおなじみの動詞close。株式用語では「(取引を) 終える」→「大引けになる」という意味で用いられるので、注意しましょう。
close at $_だと「__ドルで大引けになる」「__ドルで取引を終える」「終値が__ドルとなる」という言い方になります。
今日の場合はその応用で、close above _ markで「__の大台より上で取引を終える」→「終値が__の大台を超える」というわけです。
後ろに続くfor the first time since August 1990「1990年8月以来初めて」という記述から、大台を超えたのは史上初ではなく以前にもあったことが明らかなので、対訳では「大台を超える」→「大台を回復する」と意訳しています。

Facebook Bans Viewing News in Australia

Facebook said Wednesday that it blocked Australian users from sharing or viewing news.

Feb19,2021

CHECK!

- ☐ **ban** [bǽn] … 【動詞】～を禁止する
- ☐ **view news** … ニュースを閲覧する
- ☐ **block (人) from ～ ing** … (人) に～することをさせない
- ☐ **content** [kɑ́:ntent] … コンテンツ

訳出のポイント

●動詞 block は「防ぐ」「妨害する」の意。block (人) from ～ ing で「(人) が～するのを妨害する」→「(人) に～させない」という言い方になります。そこで、blocked Australian users from sharing or viewing news の部分は「オーストラリアのユーザーにニュースを共有あるいは閲覧させなくした」。つまり「オーストラリアのユーザーがニュースコンテンツを共有すること、あるいは閲覧することができないようにした」→「オーストラリアのユーザーがニュースコンテンツを共有したり閲覧したりすることを禁止した」というわけですね。

対訳

「フェイスブック　豪州でニュース閲覧を禁止」

フェイスブックは水曜日、オーストラリアのユーザーがニュースコンテンツを共有したり閲覧したりすることを禁止したと発表した。

2021年2月19日

view の意味の変遷

view はもともと目に見える「眺め」「風景」「景色」という名詞。
ここから、「～を見る」「～を眺める」という動詞にもなっています。
テレビや映画などを「見る」という場合にもしばしば使われ、最近ではインターネット上の情報を「閲覧する」という意味にも使われます。
今日の場合は view news でフェイスブック上で「ニュースを閲覧する」ということですね。

Naomi Osaka Captures Second Australian Open Title

Japan's Naomi Osaka cemented her place as the outstanding star of women's tennis by winning her fourth Grand Slam title with a comprehensive victory over Jennifer Brady in the Australian Open final.

Feb22,2021

CHECK!

- ☐ **cement one's place** … 地位を固める
- ☐ **outstanding star** … 傑出したスター（選手）
- ☐ **comprehensive victory** … 完勝
- ☐ **final** [fáinl] … 決勝戦

訳出のポイント

● cement はもともと建材の「セメント」を意味する名詞。ここから、動詞としても「セメントで接着する」「セメントで固める」→友情、絆、地位などを「固める」「強固にする」という意味で使われます。そこで、cement one's place as ～で「～としての地位を固める」「～としての地位を確固としたものにする」という意味になっています。

● outstanding は「目立つ」という句動詞 stand out から派生した形容詞で人、物、事が（同種と比較して）「目立った」「顕著な」「傑出した」の意。ここでは
the outstanding star of women's tennis で「女子テニス（界）の傑出したスター選手」ということですね。

対訳

「大坂なおみ、全豪オープン２度目の優勝」

日本の大坂なおみが、テニス全豪オープンの決勝でジェニファー・ブレディに完勝し、4つ目のグランドスラムタイトルを獲得。この優勝で大坂は、女子テニス界における傑出したスター選手としての地位を確固たるものにした。

2021年2月22日

TODAY'S POINT
今日のポイント

「大勝」の意味で使われる comprehensive

comprehensiveはもともと「多くのものを含む」「広範囲な」「包括的な」「総合的な」という形容詞。勝敗について「大差の」という意味でも使われます。今日の場合はa comprehensive victoryで「大差の勝利」→「大勝」「完勝」というわけです。これらを踏まえて本文全体を訳すと、「日本の大坂なおみは、全豪オープンの決勝におけるジェニファー・ブレディに対する完勝で4つ目のグランドスラムタイトルを獲得することによって、女子テニス界における傑出したスター選手としての地位を固めた」。対訳では、with a comprehensive victory以下を独立させ「日本の大坂なおみが、テニス全豪オープンの決勝でジェニファー・ブレディに完勝し、4つ目のグランドスラムタイトルを獲得。この優勝で大坂は、女子テニス界における傑出したスター選手としての地位を確固たるものにした」としています。

Tiger Woods Undergoes Surgery for Leg Injuries after Car Crash

Golf legend Tiger Woods is recovering from a surgery for serious leg injuries suffered in a single-car rollover crash near Los Angeles on Tuesday. Feb25,2021

CHECK!

- ☐ **undergo (a) surgery** … 手術を受ける
- ☐ **leg injuries** … 脚の負傷
- ☐ **car crash** … 自動車事故
- ☐ **golf legend** … ゴルフ界のレジェンド
- ☐ **single-car rollover crash** … 単独車両横転事故、自損横転事故

訳出のポイント

- undergo は苦しいこと、不愉快なことを「経験する」「耐える」という動詞。医学的治療や検査などを「受ける」という意味でも頻出です。今日の場合は undergo a surgery で「手術を受ける」という言い方になっています。
- leg injury は「脚のけが」「脚の負傷」。本文は serious leg injuries となっているので serious = 「重い」「重症な」もので、1箇所ではなく複数箇所であることがわかりますね。
- single-car は直訳すると「単独車の」「単独車両の」a single-car accident (=crash) で「単独車両事故」→「自損事故」という言い方になります。
- rollover は「転覆」「横転」なので、a single-car rollover crash だと「単独車両の横転事故」「自損横転事故」です。

対訳

「タイガー・ウッズが自動車事故、脚に負傷で手術」

ゴルフ界のレジェンドであるタイガー・ウッズ選手が、火曜日にロサンゼルス近郊で自損横転事故を起こし、脚に重傷を負った。ウッズ選手は手術を受けた後、回復しているという。

2021年2月25日

recoverの訳し方

recoverはもともと失っていたものを「取り戻す」「奪回する」という動詞。
健康などを「取り戻す」→「回復する」という意味でもしばしば使われる動詞です。
ここではrecover from a surgeryで「手術から回復する」「術後に回復する」というわけです。

March,2021

3 Carlos Ghosn Escape:
U.S. Father and Son Extradited to Japan

4 Japanese Billionaire Seeks Eight Members
on Moon Flight

8 38 People Killed in Deadliest Day
of Protests in Myanmar

9 Canada Post Sends Every Household a Free,
Prepaid Postcard

17 Germany, France, Spain and Italy Halt
AstraZeneca Vaccine

18 Elon Musk Gets New Job Title:
'Technoking of Tesla'

19 Tokyo Olympics Creative Director
Resigns over Derogatory Remark

24 10 Dead in Mass Shooting
at Supermarket in Colorado

25 EU, U.S., U.K. and Canada Sanction China over Uighurs

26 Tokyo Olympic Torch Relay Begins

31 Suez Canal Reopens after Stranded
Container Ship Refloated

2021年3月

3日	ゴーン被告逃亡事件、米国籍親子の身柄を日本に引き渡し
4日	日本人億万長者、月旅行のメンバー8人募集
8日	ミャンマー抗議デモ、1日で最多の38人死亡
9日	カナダ郵便、無料のプリペイド葉書を全世帯に送付
17日	独、仏、西、伊がアストラゼネカのワクチン停止
18日	イーロン・マスク氏に新たな肩書“テスラのテクノキング”
19日	東京五輪のクリエイティブディレクター、侮辱発言で辞任
24日	米コロラド州のスーパーで銃乱射、10人死亡
25日	EUと米英加、ウイグル族めぐり中国に制裁
26日	東京五輪聖火リレー始まる
31日	スエズ運河の通航再開

Carlos Ghosn Escape: U.S. Father and Son Extradited to Japan

An American father and son were handed over to Japanese authorities on Tuesday for allegedly helping former Nissan Chairman Carlos Ghosn flee the country while on bail. Mar3,2021

CHECK!

- □ **escape** [ɪskéɪp] …【名詞】逃亡
- □ **extradite** [ékstrədàɪt] …（逃亡犯罪人の）身柄を引き渡す
- □ **hand over** … ～を引き渡す
- □ **authorities** [əθɔ́:rətiz] … 当局
- □ **allegedly** [əlédʒɪdli] … ～したとされている
- □ **flee the country** … 国外に逃亡する
- □ **while on bail** … 保釈中に

訳出のポイント

● allegedly は真偽のほどは明らかではないものの「申立てによると」「伝えられるところでは」という意味の副詞。つまり、疑い（ときには非難）のニュアンスを含むわけですが、捜査、逮捕、公判などについての報道において、公正を期するために使用される語となっています。日本語では「～したとされる」「～したと言われている」と訳すのが通例です。これらの点を踏まえると for allegedly helping 以下は「日産元会長のカルロス・ゴーン被告が保釈中に国外逃亡するのを手助けしたとされて（米国籍父子の身柄が日本に引き渡された）」→「日産元会長のカルロス・ゴーン被告が保釈中に国外逃亡した事件で、逃亡を手助けしたとされる（米国籍父子の身柄が日本に引き渡された）」。

対訳

「ゴーン被告逃亡事件、米国籍父子の身柄を日本に引き渡し」

日産元会長のカルロス・ゴーン被告が保釈中に国外へ逃亡した事件で、逃亡を手助けしたとされる米国籍の父と息子2人の身柄が、火曜日に日本当局側へ引き渡された。

2021年3月3日

「引き渡す」を意味する英単語

●extraditeは逃亡犯罪人・容疑者を管轄国（州）へ「引き渡す」「送還する」という動詞。つまり犯罪容疑者（逃亡者）の「身柄を引き渡す」というニュアンスの単語となっています。今日の見出しではU.S. Father and Son (Are) Extradited to Japanで「米国人の父と息子の身柄が日本に引き渡される」→「米国籍親子の身柄を日本に引き渡す」。

●上述のextraditeが「【犯罪容疑者の身柄を】引き渡す」という特定の意味合いを持つのに対して、本文で使われているhand overは「～を手渡す」「～を引き渡す」という意味で広く一般的に使われる句動詞なので、違いを理解・確認しておきましょう。

Japanese Billionaire Seeks Eight Members on Moon Flight

Japanese billionaire Yusaku Maezawa announced he will choose eight members from the public to join him on a trip around the moon on a SpaceX rocket scheduled to launch in 2023.

Mar4,2021

CHECK!

- □ **billionaire** [bìljənéər] … 億万長者
- □ **seek** [síːk] … ～を求める→～を募集する
- □ **moon flight** … 月旅行
- □ **choose ～ from the public** … ～を公募で選ぶ
- □ **trip around the moon** … 月を周回する旅行
- □ **scheduled to launch** … 打ち上げが予定されている

訳出のポイント

- seekは「～を求める」「～を捜す」という動詞。今日の見出しでは月旅行のメンバーを「求める」→「募集する」という意味合いですね。
- a trip around the moonは直訳すると「月の周りの旅」、つまり「月を周回する旅行」ということです。
- 本文後半のto join以下はeight members「8人のメンバー」を修飾する（＝説明する）文節になっていますね。すなわち、「2023年に打ち上げが予定されているスペースXのロケットで月を周回する旅行に参加する8人のメンバー」ということです。

対訳

「日本人億万長者、月旅行のメンバー8人募集」

日本人億万長者の前澤友作氏は、2023年に打ち上げが予定されているスペースXのロケットで月を周回する旅行に参加するメンバー8人を公募で選ぶことを発表した。

2021年3月4日

public に the が付くと

public は「公の」「公共の」という意味の形容詞としておなじみですね。
the public と集合的な名詞で用いると「一般の人々」「公衆」「大衆」の意、ひいては「市民」「国民」といった意味合いでも使われます。
そこで、choose ～ from the public は「～を一般の人々から選ぶ」→「～を公募で選ぶ」という意味になるわけです。

38 People Killed in Deadliest Day of Protests in Myanmar

At least 38 people were killed in Myanmar on Wednesday as security forces opened fire on peaceful protesters in several towns and cities on Wednesday.

Mar8,2021

CHECK!

- □ **deadliest day** … 最も多くの命が奪われた日
- □ **protest** [próutest] …（抗議）デモ
- □ **security forces** … 治安部隊
- □ **open fire on** … ～に向かって発砲する
- □ **peaceful protester(s)** … 平和的なデモ参加者（ら）

訳出のポイント

● open fire は「発砲する」「射撃（砲撃）を開始する」という言い方。open fire on ～で「～に向かって発砲する」「～への射撃を始める」ということです。今日の場合は opened fire on peaceful protesters で「平和的なデモ参加者らに向かって発砲した」となっていますね。

対訳

「ミャンマー抗議デモ、1日で最多の38人死亡」

ミャンマーで水曜日、複数の町や市で治安部隊が平和的なデモ参加者らに向かって発砲し、少なくとも38人が死亡した。

2021年3月8日

deadlyの最上級

deadlyはもともと「命にかかわる」「命を奪う（ほどの）」という形容詞。ここから「命がけの」「非常に激しい」「恐ろしい」といった意味合いでも使われます。
今日の見出しでは、その最上級deadliestを用いてin (the) deadliest day of protestsで「抗議デモの中で最も多くの命を奪った日」となっています。
見出し全体では「ミャンマーの抗議デモで最も多くの命が失われた日に、38人が死亡する」→「ミャンマーの抗議デモで、1日で最多の38人が死亡する」というわけです。

Canada Post Sends Every Household a Free, Prepaid Postcard

Canada Post is sending every household in the country a free prepaid postcard to help people stay connected with loved ones amid the continuing coronavirus pandemic. Mar9,2021

CHECK!

- [ ] **Canada Post** … カナダ郵政公社
- [ ] **household** [háushòuld] … 世帯
- [ ] **prepaid postcard** … プリペイド葉書
- [ ] **stay connected** … つながりを保つ、連絡を取りあう
- [ ] **loved one(s)** … 愛する人、大切な人
- [ ] **continuing coronavirus pandemic** … 継続するコロナ禍

訳出のポイント

● Canada Post は正式には Canada Post Corporation。カナダの郵便事業を運営する「カナダ郵政公社」のことです。

● household は「家族（全員・全体）」「家庭」「世帯」。every household in the country で「国内の全世帯」。

● prepaid「プリペイド」は料金などが「前払いの」「前納の」という形容詞です。

a prepaid postcard で「プリペイド葉書」、つまり「郵便料金がすでに支払われている葉書」。

● continuing は「続く」「継続する」の意の動詞 continue の現在分詞形が形容詞化した単語。そこで、本文末尾の amid the continuing coronavirus pandemic は「継続するコロナ禍の中で」→「コロナ禍が続く中で」ということですね。

対訳

「カナダ郵政、無料のプリペイド葉書を全世帯に送付」

カナダ郵政公社が、コロナ禍が続く中で人々が大切な人とのつながりを保つための一助になるようにと、国内の全世帯に無料のプリペイド葉書を送付している。

2021年3月9日

TODAY'S POINT
今日のポイント

パソコンにも人にも使われる stay connected

connected は「結びついた」「関係した」「つながりがある」という形容詞。
ここから stay connected はパソコンなどが「接続した状態である」、あるいは人との「つながりを保つ」→「連絡を取りあう」という意味の表現になります。
今日の場合は、
stay connected with loved ones で「大切な人とのつながりを保つ」というわけです。
ちなみに、loved one(s) は「愛する人」「大切な人」「最愛の人」の意で、広く日常的に使われる表現となっています。

Germany, France, Spain and Italy Halt AstraZeneca Vaccine

Germany, France, Spain and Italy suspended the use of AstraZeneca's COVID-19 vaccine due to concerns over adverse reactions including blood clots.

Mar17,2021

CHECK!

- ☐ **halt (=suspend)** [hɔ́:lt] … 停止する、中断する
- ☐ **AstraZeneca** …【製薬会社】アストラゼネカ
- ☐ **concerns over** … ～に対する懸念
- ☐ **adverse reaction(s)** … 副反応、副作用
- ☐ **blood clot(s)** … 血栓

訳出のポイント

● suspend は本来「～を（宙に）つるす」「～を吊り下げる」という動詞。転じて「～をちゅうぶらりんの状態にする」→「～を（一時的に）停止（中断）する」という意味で広く使われる単語となっています。

● 名詞 concern は「関心事」「不安」「心配」「懸念」の意。concern(s) over ～で「～をめぐる心配」「～に対する懸念」という言い方になっています。

● adverse は「反対する」「逆方向の」「有害な」という形容詞。adverse reaction で「有害な反応」→「副反応」「副作用」というわけです。

対訳

「独、仏、西、伊が アストラゼネカのワクチン停止」

ドイツ、フランス、スペインおよびイタリアが、血栓を含む副反応に対する懸念のため、アストラゼネカ製の新型コロナウイルスワクチンの使用を中断した。

2021 年 3 月 17 日

halt はドイツ語からできた単語

halt はもともと「止まる」という意味のドイツ語 halten の命令形。
ここから、「立ち止まる」「停止する」あるいは「～を停止させる」「～を中止（中断）させる」という動詞になっています。

Elon Musk Gets New Job Title: 'Technoking of Tesla'

U.S. electric car maker Tesla revealed that Elon Musk changed his title to "Technoking of Tesla," but he will retain his position of CEO within the firm.

Mar18,2021

CHECK!

- □ **(job) title** [táɪtl] … (仕事における) 肩書
- □ **electric car maker** … 電気自動車メーカー
- □ **reveal** [rɪvíːl] … ～を明らかにする
- □ **change ~ to** … ～を…に変更する
- □ **CEO** [síːìːóu] … 最高経営責任者

訳出のポイント

● reveal の原意は「隠れたものを見せる」。
ここから、知られていないことを「明らかにする」→「公表する」という意味でよく使われる動詞となっています。

● retain は物、事、位置などを「保つ」「保持する」「維持する」という動詞。retain one's position だと「地位を保つ」「地位を維持する」という言い方になります。
そこで、本文後半の but 以下は「しかし、彼（＝マスク氏）は最高経営責任者の地位は保持する」→「しかし、マスク氏の最高経営責任者としての地位は変わらない」というわけですね。

対訳

「イーロン・マスク氏に新たな肩書“テスラのテクノキング”」

米電気自動車メーカーのテスラは、イーロン・マスク氏の肩書が“テクノキング・オブ・テスラ”に変更されたことを明らかにした。マスク氏の最高経営責任者としての地位は変わらないという。

2021年3月18日

titleには「肩書」という意味も

titleは日本語でも「タイトル」というように本、絵、音楽などの「題」「表題」の意味でおなじみの名詞ですね。
同時に「称号」「敬称」「肩書」という意味でも使われます。
今日の場合はjob titleで「(仕事の) 肩書」「職位」「職名」ということです。

Tokyo Olympics Creative Director Resigns over Derogatory Remark

Hiroshi Sasaki, creative director of the Tokyo Olympics and Paralympics, announced his resignation over his derogatory comments about a popular female entertainer.

Mar19,2021

CHECK!

- ☐ **creative director** … クリエイティブディレクター
- ☐ **resign** [rɪzáɪn] … 辞任する
- ☐ **derogatory remark** … 侮辱的発言
- ☐ **announce one's resignation** … 辞意を表明する
- ☐ **entertainer** [èntə*r*téɪnə*r*] … 芸人、タレント

訳出のポイント

- derogatory は人の尊厳などを「傷つけるような」「軽蔑的な」「侮辱的な」という形容詞。
- remark は「意見」「感想」「見解」「批評」という意味で、日本語の「発言」に近い意味合いでも使われる単語です。
- 見出しの derogatory remark は「侮辱的な発言」、本文の derogatory comments は「侮辱的なコメント」。
- 「エンターテイナー」は日本語でも浸透してきましたが、entertainer は「芸能人」「芸人」「タレント」。そこには comedian「コメディアン」「お笑い芸人」も含まれます。
- a popular female entertainer で「人気の女性芸人」ということですね。

対訳

「東京五輪のクリエイティブディレクター、侮辱発言で辞任」

東京オリンピック・パラリンピックのクリエイティブディレクターを務める佐々木宏氏が自身の人気女性芸人に対する侮辱的コメントをめぐり、辞任を表明した。

2021年3月19日

英字新聞頻出単語 resign

resignは「辞める」「辞任する」「辞職する」という意味で英字新聞頻出の動詞。
resignationはその名詞形で「辞任」「辞職」になります。
今日の本文では、
announce one's resignation
「辞任を表明する」「辞任を発表する」という言い方で登場しています。

10 Dead in Mass Shooting at Supermarket in Colorado

Ten people, including a police officer, were killed on Monday after a gunman opened fire in a supermarket in Boulder, Colorado.

Mar24,2021

CHECK!

- ☐ **mass shooting** … 銃乱射（事件）
- ☐ **Colorado** [kὰ:lərǽdoʊ] …【米国】コロラド州
- ☐ **police officer** … 警察官
- ☐ **open fire** … 発砲する、銃撃を開始する
- ☐ **Boulder** [bóʊldə] …【米・地名】ボルダー

訳出のポイント

- officer はもともと、高い地位の「役人」「公務員」あるいは軍の「将校」「士官」「武官」を表す語。ここから、police officer で「警察官」「巡査」になります。
- gunman は直訳すると「銃の男」。拳銃を使う「殺し屋」「犯罪者」「銃撃犯人」あるいは「銃の名人」「早撃ちの名手」。今日は、文字通り「銃を持った男」「銃で武装した男」。
- 「火」「炎」「火災」の意味で知られる名詞 fire は「射撃」「発砲」「弾」「砲弾」などを指す場合も多いので、押さえておきましょう。今日の場合は、open fire で「発砲する」「射撃（砲撃）を開始する」という意味になっています。

対訳

「米コロラド州のスーパーで銃乱射、10人死亡」

月曜日、米コロラド州ボルダーのスーパーマーケットで銃を持った男が発砲し、警察官1人を含む10人が死亡した。

2021年3月24日

「銃乱射」をどう表現するか

massは「多数の」「大量の」なので、mass shootingを直訳すると「多数の銃撃」。
英字新聞では日本語の「銃乱射（事件）」に当たる表現としてしばしば出てきます。
ちなみに、mass murderだと「大量殺人」になるわけですね。

EU, U.S., U.K. and Canada Sanction China over Uighurs

The European Union, the United States, the United Kingdom, and Canada imposed sanctions against Chinese officials on Monday for "serious human rights abuses" against the Uighur minority group.

Mar25,2021

CHECK!

- ☐ **sanction** [sǽŋkʃən] …【動詞】～に制裁措置をとる
- ☐ **Uighur(s)** [újgur] … ウイグル族
- ☐ **impose sanctions against** … ～に対して制裁を科す
- ☐ **Chinese officials** … 中国政府当局者
- ☐ **human rights abuse(s)** … 人権侵害
- ☐ **minority group** … 少数集団、少数民族

訳出のポイント

● 名詞 abuse は「悪用」「乱用」「虐待」「酷使」で、human rights が「人間の権利」→「人権」なので、human rights abuse だと「人権の虐待」→「人権侵害」に当たる言い方になります。

● そこで、serious human rights abuses は「深刻な人権侵害」ということですね。

● for "serious human rights abuses" against …の for は【原因・理由】を表す前置詞で、「～が原因で」「～が理由で」「～のために」の意。そこで、この部分は「…に対する"深刻な人権侵害"を理由に（中国政府の当局者らに制裁を科した）」となっています。

対訳

「EUと米英加、ウイグル族めぐり中国に制裁」

欧州連合と米国、英国、カナダは月曜日、少数民族ウイグルに対する"深刻な人権侵害"を理由に、中国政府の当局者らに対して制裁を科した。

2021年3月25日

動詞・名詞で使われる sanction

sanctionはもともと公権力による法的「認可」「裁可」「許可」を意味する名詞。
ここから、違法行為を行った者などに対する「制裁」「制裁措置」「処罰」という意味でも頻出の単語となっています。
「〜を制裁する」「〜に（対して）制裁措置をとる」という動詞として用いられるので、あわせて確認しておきましょう。
今日の場合は、見出しでは動詞としてsanction Chinaで「中国に制裁措置をとる」となっています。
そして、本文では名詞sanctionを用いた表現impose sanctions against 〜「〜に対して制裁を科す」という表現で使われているわけですね。

Tokyo Olympic Torch Relay Begins

The Torch relay for the Tokyo Olympics began in Fukushima on Thursday, traveling through all of Japan's 47 prefectures over the next 121 days before arriving in Tokyo for the opening ceremony on July 23rd.

Mar26,2021

CHECK!

- ☐ **Olympic torch relay** … オリンピックの聖火リレー
- ☐ **begin** [bɪgín] … 始まる、スタートする
- ☐ **travel through** … ～を通過する
- ☐ **prefecture(s)** [príːfektʃər] … 【日本】都、道、府、県
- ☐ **opening ceremony** … 開会式

訳出のポイント

- travel through ～は「～を通って移動する」→「～通り抜ける」「～を通過する」という意味。そこで、traveling through all of Japan's 47 prefecturesの部分は「日本の47都道府県の全てを通過する」→「国内全47都道府県をめぐる」というわけです。
- 本文の後半traveling through以下は「7月23日の開会式のために東京に到着する前に、今後121日間で国内全47都道府県をめぐる」→「今後121日間かけて国内の全47都道府県を巡り、7月23日に行われる開会式の前に東京に到着する」となっていますね。

対訳

「東京五輪聖火リレー始まる」

木曜日、東京オリンピックの聖火リレーが福島県で始まった。今後 121 日間かけて国内の全 47 都道府県を巡り、7 月 23 日に行われる開会式の前に東京に到着する。

2021 年 3 月 26 日

torch のさまざまな意味

torch はもともと「たいまつ」を意味する名詞。
ここから、学問、知識、文化などの「光」「光明」という意味にも使われます。また、英国では「懐中電灯」を指すことも確認しておきましょう。ちなみに米国では懐中電灯は flashlight と言います。
Olympic torch は「オリンピックの聖火」を指す表現として定着しているので、このまま覚えておいてください。
Olympic torch relay で「オリンピック聖火リレー」ということです。

Suez Canal Reopens after Stranded Container Ship Refloated

Traffic resumed in Egypt's Suez Canal Monday evening after the giant container ship blocking it for nearly a week successfully refloated.

Mar31,2021

CHECK!

- ☐ **reopen** [rìːóʊp(ə)n] **(=resume)** … 再開する
- ☐ **stranded container ship** … 座礁したコンテナ船
- ☐ **refloat** [rɪːflóʊt] … 離礁する
- ☐ **traffic** [trǽfɪk] … 交通→（運河の）通航
- ☐ **block** [bláːk] … ～を塞ぐ、遮断する
- ☐ **nearly a week** … 1 週間近く
- ☐ **successfully** [səksésfəli] … 成功のうちに、うまく

訳出のポイント

- reopen は「再び開く」「再び始める」「再開する」。
- resume も中断した仕事、作業、話などを「再び始める」「再開する」という動詞です。
- traffic は「通行」「交通」という意味でおなじみの名詞ですが、陸上だけでなく海上、航空のいずれにも用いる点を確認しておきましょう。
  今日の場合は、運河の「通航」というわけです。
- 本文後半の the giant container ship (which had been) blocking it for nearly a week の部分は、( ) 内を補って考えてください。つまり、「1 週間近くそれ（＝スエズ運河の交通）を遮断していた大型コンテナ船」ということですね。

対訳

「スエズ運河の通航再開」

座礁してスエズ運河の交通を１週間近く遮断していた大型コンテナ船の離礁が月曜夜に成功し、運河の通航が再開した。

2021年3月31日

英字新聞頻出単語 successfully

successfully は「成功のうちに」「うまく」「首尾よく」という副詞。
英字新聞でもしばしば登場する単語ですが、
successfully + V で
「成功のうちに〜する」「うまく〜する」→「〜することに成功する」という意味で捉えておくとわかりやすいと思います。
今日の場合は successfully refloated で「成功のうちに離礁した」→「離礁することに成功した」→「離礁に成功した」となっています。

Column 1　私の英語力が飛躍的に伸びたきっかけとは？

私は中学校２年の夏まで、英語の成績は通知表の５段階中「3」でした。つまり、公立中学校の平均くらい。ところが中２の夏休みに起きた、ある出来事がきっかけで突然伸び始めました。

そして中２の２学期以降、通知表は４以下になることはありませんでした。この英語力の向上が引き金となって、他の教科の成績もなぜか向上していきます。

何があったかというと、夏休み１カ月のアメリカ・ホームステイです。

当時、地方の中小企業の社長をしていた父親が、地元のライオンズクラブとかそのような団体の主催するホームステイ・イベントに勝手に申し込んだわけです。

それまで、私にとって英語は、いわば数学や国語同様、「お勉強」でしたが、このホームステイでは、文字通り「生活必需品」となりました。英語力がないとまともに生活できません。

夏休みの１カ月、毎日、生の英語に触れていたのです。私が変な発音をすると修正してくれますし、この植物は英語でなんというのかと聞くと教えてくれます。周囲のアメリカ人はすべてが先生なのです。

さらに、多感な中学生時代にアメリカの生活や文化に触れたことはものすごく刺激になりました。

アイスクリーム屋さんでソフトクリームを食べたとき、ものすごく粘り気があり、濃厚で大きいのです。これは日本では食べられないやつだわ……と子供心に感動したことを覚えています。

さらに、当時世界中で音楽ランキングの上位を席巻していた、ハードロックバンドAC/DCのコンサートに連れて行ってもらったのですが、目の前の客席で私と同じくらいの年頃の男女が抱き合ってるのを見て、音楽以上に衝撃を受けました。日本ではありえない……と。

こうやって、その土地の文化を生身の身体で吸収して帰国します。2学期が始まると、なぜか英語の授業が面白くてたまりません。

先生の発音が微妙におかしいことにも気づきます。

好きな洋楽を聞いても、それまで「音」としてしか聞こえなかった歌詞がある程度、意味をもった「言葉」として理解できるようになった、そんな気もしました。

そう、自分の英語力がこの1カ月で飛躍的に向上していることに気づきます。

その後、気がつけば、親を説得して、中学3年生の英語通信講座に申し込み、学校の授業よりもはるか先の内容を勉強していました。

先にもチラリと書きましたが、英語の成績が伸びてくると、数学、国語といった他の教科の成績も伸びだしたのです。これは不思議で今でもどうしてか説明できないのですが、知識を吸収していくことの喜びを覚えたのかもしれません。

学びを得ることで、自分が変化していくことが楽しいという感覚といったら良いでしょうか。こうして結果的には、地元でも一番の進学校に合格することができました。

2001年に他界した父は、正直、経営者としては優秀ではありませんでした。しかし、ホームステイに勝手に申し込んでくれたことだけは、今でも心から感謝しています。

お子様の英語力を伸ばしてやりたいと思う親御さんは、ホームステイを体験させてみてはいかがでしょうか。英語を学び始めてまだ日が浅い、中1か中2で行かせるのがベストかと個人的には思います。

April,2021

2 President Biden Unveils over $2 Trillion Infrastructure Plan

5 Japan's Tsubasa Kajitani Wins Augusta National Women's Amateur

6 Leukemia Survivor Rikako Ikee Clinches Olympic Spot

7 North Korea Won't Participate in Tokyo Olympics

8 Toshiba Receives Buyout Offer from British Private Equity Firm

12 Hideki Matsuyama Wins Masters, Becoming First Japanese Man to Win Golf Major

15 COVID-19: Osaka Logs Record 1,099 Infections

19 Biden and Suga Refer to 'Taiwan' in Joint Statement

20 China and U.S. Pledge Joint Action on Climate Change

21 Facebook Announces New Audio Features

27 Academy Awards 2021: Nomadland Wins Three Oscars

2021年4月

2日　バイデン大統領、2兆ドル超のインフラ計画発表

5日　日本の梶谷翼、オーガスタ・ナショナル女子アマで優勝

6日　白血病克服の池江璃花子、東京五輪代表に内定

7日　北朝鮮、東京五輪不参加へ

8日　東芝、英投資会社から買収提案

12日　松山英樹がマスターズV、日本男子初のメジャー制覇

15日　新型コロナ:大阪で最多の1099人感染

19日　バイデン米大統領・菅首相、共同声明で『台湾』明記

20日　米中、気候変動で協調を約束

21日　フェイスブック、新たな音声機能を発表

27日　2021年アカデミー賞:『ノマドランド』が3冠

President Biden Unveils over $2 Trillion Infrastructure Plan

U.S. President Joe Biden unveiled a $2.25 trillion growth strategy on Wednesday, focusing on revitalizing the nation's infrastructure and tackling climate change.

Apr 2,2021

CHECK!

- [ ] **unveil** [ʌnvéɪl] … ～を発表する
- [ ] **infrastructure plan** … インフラ計画
- [ ] **growth strategy** … 成長戦略
- [ ] **focus on** … ～に重点を置く
- [ ] **revitalize** [riːváɪtəlàɪz] … ～を活性化させる
- [ ] **tackle climate change** … 気候変動に取組む

訳出のポイント

- focus はもともと「焦点」「中心」を意味する名詞。「～に焦点を合わせる」という動詞としても使われます。focus on ～で「～を重点的に取り扱う」「～に重点を置く」「～に集中する」という意味になります。
- revitalize は「～に新しい活力を与える」→「～を生き返らせる」という動詞。地域、経済などを「再活性化させる」という意味合いでよく使われる単語です。
- 動詞 tackle はラグビーやアメフトの「タックルする」→「～に組みつく」「～を捕まえる」→仕事、問題などに「取組む」の意味になっています。そこで、tackling climate change は「気候変動に取り組むこと」→「気候変動への取り組み」→「気候変動への対応（対処）」ということです。

対訳

「バイデン大統領、2兆ドル超のインフラ計画発表」

ジョー・バイデン米大統領は水曜日、国内インフラの活性化と気候変動への対応に重点を置く、2兆2500億ドル（約250兆円）規模の成長戦略を発表した。

2021年4月2日

英字新聞頻出単語 unveil

unveilの原意は“veil「ベール」=「覆い」を取る”。
ここから、秘密になっていたものを「明らかにする」→「公表する」「発表する」という動詞となっています。
英字新聞では頻出の重要単語なので、しっかり確認しておきましょう。

Japan's Tsubasa Kajitani Wins Augusta National Women's Amateur

Tsubasa Kajitani, a 17-year-old Japanese, won the Augusta National Women's Amateur, beating Emilia Migliaccio from the U.S. in a playoff.

Apr 5,2021

CHECK!

- ☐ **Augusta National Women's Amateur** …【ゴルフ】オーガスタ・ナショナル女子アマチュア
- ☐ **beat** [bíːt] … ～を打ち負かす、～に勝つ
- ☐ **playoff** [pléiɔ̀f] …【ゴルフ】プレーオフ

訳出のポイント

- _-year-old は「__歳の」。普通に「私は__歳です」と言う場合には I am _ years old のように、years は複数形になりますが、この表現では year と単数形で使うことに注意しましょう。今日の場合は a 17-year-old Japanese で「17 歳の日本人」というわけですね。
- beat はもともと「～を打つ」「～をたたく」という動詞。ここからスポーツや知識などにおいて人、チームなどを「打ち負かす」「打ち破る」→「～に勝つ」という意味でも頻出の単語となっています。beat cancer「がんを打ち負かす」→「がんを克服する」のように問題・困難・病気などを「克服する」という意味合いでも使われます。

対訳

「日本の梶谷翼、オーガスタ・ナショナル女子アマで優勝」

日本人で17歳の梶谷翼が、米国のエミリア・ミリアッチョをプレーオフで制し、オーガスタ・ナショナル女子アマチュアの優勝を飾った。

2021年4月5日

スポーツの種類によって微妙に異なるプレーオフ

play offはスポーツで「決勝をする」「決定戦を行う」。同点チームを「再試合させる」という句動詞。
名詞化したplayoffは引き分け、同点試合後の「再試合」「決勝試合」「延長戦」の意味になります。
米国ではスポーツリーグにおけるシーズン終了後の「王座（優勝）決定戦」=「プレーオフ」を指して使われることも多いですね。
ゴルフでは、規定のホール数を終了した時点で同スコアでトップのプレーヤーが複数いる場合に、優勝を決定するために数ホール行う延長戦がplayoff「プレーオフ」ですね。
in a playoffで「プレーオフで」ということです。

Leukemia Survivor Rikako Ikee Clinches Olympic Spot

Japan's swimming star Rikako Ikee, who was diagnosed with leukemia two years ago, earned a spot at the Tokyo Olympics in the 4×100 medley relay after winning the women's 100-meter butterfly on Sunday at Japan's national championships. Apr6,2021

CHECK!

- □ **leukemia survivor** … 白血病克服者
- □ **clinch (=earn) (an) Olympic spot**
  … オリンピック出場権を獲得する→オリンピック代表に内定する
- □ **swimming star** … スター（花形）競泳選手
- □ **be diagnosed with** … 〜と診断される
- □ **medley relay** … メドレーリレー
- □ **Japan's national championships** … 日本選手権

訳出のポイント

- survive は「生き残る」。派生した名詞 survivor は「生き残った人」「生存者」の意。災害や苦難を「乗り越えた人」「逃れた人」、命にかかわる病気や大けがを「乗り越えた人」「克服した人」という意味でも使われます。leukemia survivor で「白血病を乗り越えた（克服した）人」。
- diagnose は「診断する」「診断を下す」。be diagnosed with 〜 で「〜と診断される」。who was diagnosed with leukemia two years ago の部分は、直前の Rikako Ikee を受けて説明している文節で、「2年前に白血病と診断された（池江璃花子）」。

☰ 対訳

「白血病克服の池江璃花子、東京五輪代表に内定」

2年前に白血病と診断された日本のスター競泳選手・池江璃花子が、日曜日に行われた日本選手権の女子100メートルバタフライで優勝し、東京オリンピックの4×100メートル・メドレーリレーの代表に内定した。

2021年4月6日

spotにはこんな意味も

spotはもともと「地点」「場所」「現場」を意味する名詞。ここから、口語では「仕事」「職」「地位」「立場」といった意味でも使われます。今日の場合はOlympic spotで「オリンピックの出場枠」、clinch (an) Olympic spotは「オリンピックの出場枠を確定する」→「オリンピック出場権を獲得する」「オリンピック代表に内定する」。
本文ではclinchに代わりearn「～を得る」という動詞が用いられていますが、earned a spot at the Tokyo Olympicsで「東京オリンピックにおける出場権を得た」→「東京オリンピック代表に内定した」ということですね。

North Korea Won't Participate in Tokyo Olympics

North Korea announced it will not take part in the forthcoming Tokyo Olympic Games, saying the decision is to protect its athletes from COVID-19.

Apr7,2021

CHECK!

- ☐ **participate in (= take part in)** … ～に参加する
- ☐ **forthcoming** [fɔ́ːrθkʌ́mɪŋ] … 来るべき
- ☐ **decision** [dɪsíʒən] … 決定
- ☐ **protect A from B** … AをBから守る
- ☐ **athlete** [ǽθliːt] … 運動選手、競技者

訳出のポイント

- take part in ～は催し物、大会などに「参加する」「出場する」「加担する」という句動詞。したがって it will not take part in the forthcoming Tokyo Olympic Games の部分は「それ（＝北朝鮮）は来るべき東京オリンピック（大会）に参加しない」となるわけです。
- forthcoming は、「現れる」「やって来る」という句動詞 come forth の現在分詞形 coming forth の形容詞化。「やがて来る」「来るべき」「間近に迫った」といった意味です。
- 本文後半の saying 以下は、直訳すると「それは選手らを新型コロナウイルスから守るための決定だと言って」。対訳では、この部分を前に持っていって、「選手を新型コロナウイルス感染から守るための決定だとして（東京五輪には参加しないことを発表した）」と訳しています。

対訳

「北朝鮮、東京五輪不参加へ」

北朝鮮は、選手を新型コロナウイルス感染から守るための決定だとして、来るべき東京オリンピックには参加しないことを発表した。

2021年4月7日

participate in の使い方

participate は活動などに「加わる」「参加する」「関与する」という動詞。
participate in 〜で「〜に参加する」「〜に関与する」「〜に出場する」という意味になっています。
そこで、今日の見出しは「北朝鮮は東京五輪に参加しない」→「北朝鮮、東京五輪不参加へ」ということですね。

Toshiba Receives Buyout Offer from British Private Equity Firm

Toshiba received a buyout offer from British private equity firm CVC Capital Partners to take it private, in a deal likely worth 2 trillion yen ($18 billion), the Japanese conglomerate revealed.

Apr8,2021

CHECK!

- □ **receive a buyout offer** … 買収提案を受ける
- □ **private equity firm** …【金融】未公開株式投資会社
- □ **take ～ private** …【株式】～を非公開化する
- □ **deal** [dí:l] … 取引、契約
- □ **likely worth _ yen** … _円規模になる見込み
- □ **conglomerate** [kənglɑ́:mərət] … 複合企業、コングロマリット
- □ **reveal** [rɪví:l] … ～を明らかにする

訳出のポイント

- buy out は〈会社・事業〉「を買い取る」〈株〉「を買い上げる」という句動詞。名詞形 buyout は会社（の株の）「買収」「買い上げ」を意味します。offer が「申し出」「申し入れ」「提案」なので、buyout offer で「買収提案」。
- likely は「たぶん」「おそらく」で worth ～が「～の価値がある」「～に相当する」なので、in a deal likely worth 2 trillion yen の部分は「おそらく2兆円に相当する取引において」→「2兆円規模だと見込まれる取引における（買収提案を受領した）」という意味合いになるわけです。

対訳

「東芝、英投資会社から買収提案」

日本の複合企業の東芝は、英未公開株式投資会社のCVCキャピタル・パートナーズから同社を非公開化する内容の買収提案を受けたことを明らかにした。買収額は2兆円（180億ドル）規模になる見込み。

2021年4月8日

金融英語としての equity と private

equityはもともと「公平」「公正」「正当」を意味する名詞。金融英語では（主に英国で）「普通株（式）」の意味になります。private equityは「未公開株（式）」、つまり、株式公開していない＝上場していない会社の株式です。そこで、private equity firm「プライベート・エクイティ会社」。「未公開株式投資会社」は株式公開をしていない企業に出資、あるいは融資した上でその企業を成長させた後に、その投融資を転売するなどして利益を得る会社というわけです。

privateは「個人の」「私的な」という意味でおなじみの形容詞ですが、金融用語では株式が「非公開の」という意味になります。go privateだと「（株式を）非公開にする」、今日の場合はtake ～ privateで「～を非公開に持っていく」→「～の株式を非公開化する」「～を非公開企業にする」という意味になっています。

Hideki Matsuyama Wins Masters, Becoming First Japanese Man to Win Golf Major

Hideki Matsuyama made history by winning the Masters at Augusta National Golf Club on Sunday, becoming the first Japanese man to claim a major championship. Apr12,2021

CHECK!

- [ ] **win (a) golf major** … ゴルフのメジャー大会で優勝する
- [ ] **make history** … 歴史的な偉業を成し遂げる
- [ ] **claim a major championship** … メジャー大会で優勝を果たす

訳出のポイント

● タイトルの golf major は「ゴルフのメジャー大会」。The Open Championship 全英オープン、U.S. Open Championship 全米オープン、U.S. PGA Championship 全米プロゴルフ選手権、Masters Tournament マスターズ・トーナメントの4大メジャー大会を指します。

● becoming (the) first Japanese man to win (a) golf major は「ゴルフのメジャー大会で優勝した最初の日本人男性となる」→「日本人男子として初の（ゴルフ）メジャー大会を制覇する」。本文では becoming the first Japanese man to claim a major championship と言い換えられています。

● claim は勝利などを「奪う」「獲得する」の意で win を使うよりも強い言い方になっています。ただ「勝つ」「優勝する」というより「勝利を収める」「優勝を果たす」といったニュアンス。

三 対訳

「松山英樹がマスターズV、日本男子初のメジャー制覇」

日曜日、松山英樹がオーガスタ・ナショナル・ゴルフクラブで行われたマスターズで優勝。日本男子として初のメジャー制覇という歴史的偉業を達成した。

2021年4月12日

「歴史を作る」make history

make historyは直訳すると「歴史を作る」。
つまり「歴史に残るような偉大なことをする」→「歴史的な偉業を達成する」という意味になるわけです。
今日の本文は全体を直訳すると「松山英樹が、日曜日にオーガスタ・ナショナル・ゴルフクラブで開催されたマスターズで優勝して、メジャー大会で優勝を果たした最初の日本人男性になることで、歴史的な偉業を達成した」。
対訳では、これを整理して「日曜日、松山英樹がオーガスタ・ナショナル・ゴルフクラブで行われたマスターズで優勝。日本男子として初のメジャー制覇という歴史的偉業を達成した」としています。

COVID-19: Osaka Logs Record 1,099 Infections

Osaka logged a record 1,099 new COVID-19 cases on Tuesday, surpassing 1,000 for the first time while the prefecture has been struggling to curb further spread of the infection in recent weeks.

Apr15,2021

CHECK!

- ☐ **log** [lɔ́:g] … ～を記録する
- ☐ **record** [rékərd] … 記録的な→過去最多の
- ☐ **infection** [ɪnfékʃən] … 感染
- ☐ **surpass** [sə:rpǽs] … ～を超える
- ☐ **struggle** [strʌ́gl] … 奮闘する→懸命に取り組む
- ☐ **curb** [kə́:rb] … ～を抑える
- ☐ **further spread** … さらなる拡大
- ☐ **in recent weeks** … ここ（過去）数週にわたって

訳出のポイント

● 動詞 log は「～を記録する」「～を集計する」。record は「記録的な」「記録破りの」→「過去最多（最高・最大)」なので、logs (a) record 1,099 infections で「過去最多の 1,099 人の感染を記録する」ということです。

● struggle の原意は、人や動物が自由になろうとして「もがく」「あがく」「ジタバタする」。ここから、～しようと「奮闘する」「努力する」「懸命に取り組む」という意味でよく使われる単語となっています。

対訳

「新型コロナ：大阪で最多の1099人感染」

大阪府では、ここ数週間にわたって新型コロナウイルス感染のさらなる拡大抑制に懸命に取り組んできたが、火曜日には新たな感染者数が初めて1,000人を超え、過去最多の1,099人を記録した。

2021年4月15日

「抑制する」curb

動詞curbは馬に「くつわ鎖をかける」→「～を抑制する」「～を制限する」の意。そこで、curb further spread of the infectionの部分は「その感染（＝新型コロナウイルス感染）のさらなる拡大を抑制する」となっています。
本文後半のwhile以下は「その府（＝大阪府）はここ数週にわたって新型コロナウイルス感染のさらなる拡大を抑制しようと懸命に取り組んできたのだが」→「大阪府では、ここ数週間にわたって新型コロナウイルス感染のさらなる拡大抑制に懸命に取り組んできたが」というわけです。

Biden and Suga Refer to 'Taiwan' in Joint Statement

U.S. President Joe Biden and Japanese Prime Minister Yoshihide Suga referred to "the importance of peace and stability across the Taiwan Strait" in a joint statement issued after their first in-person meeting at the White House on Friday.
Apr19,2021

CHECK!

- ☐ **refer to** … ～に（はっきりと）言及する→明記する
- ☐ **joint statement** … 共同声明
- ☐ **importance** [ɪmpɔ́ːrtns] … 重要性
- ☐ **peace and stability** … 平和と安定
- ☐ **Taiwan Strait** … 台湾海峡
- ☐ **issue** [íʃuː] … 【動詞】（声明を）発表する
- ☐ **in-person meeting** … 直接会談

訳出のポイント

● issue は人や機関などが〈宣言・命令・声明など〉「を出す」「発する」という動詞。したがって in a joint statement issued after their first in-person meeting の部分は「彼ら（＝バイデン大統領と菅首相）の初の直接会談の後に発表された共同声明の中で」という意味になっています。

● in-person は「人が直接会う」という形容詞。in-person meeting で「直接の会談（会合）」「対面会議」という意味になります。つまり、電話会議やテレビ会談ではない「直接会談」ということですね。face-to-face meeting も同じ意味でよく使われます。

対訳

「バイデン米大統領・菅首相、共同声明で『台湾』明記」

ジョー・バイデン米大統領と日本の菅義偉首相は、金曜日にホワイトハウスで行われた初の直接会談の後に発表した共同声明の中で、“台湾海峡の平和と安定の重要性”に言及した。

2021年4月19日

importantの名詞形

importanceは「重要な」という意味でおなじみの形容詞importantの名詞形。
つまり「重要性」「大切さ」の意になります。
そこで、
the importance of peace and stability across the Taiwan Strait
は「台湾海峡の平和と安定の重要性」ということですね。

China and U.S. Pledge Joint Action on Climate Change

China and the United States agreed on further action to fight climate change in a joint statement on Sunday.

Apr20,2021

CHECK!

- ☐ **pledge** [plédʒ] …【動詞】～を誓う、（堅く）約束する
- ☐ **joint action** … 共同行動、協調
- ☐ **climate change** … 気候変動
- ☐ **agree on** … ～について合意する、一致する
- ☐ **joint statement** … 共同声明

訳出のポイント

- pledge はもともと〈～するという〉「堅い約束」「誓約」、あるいは政治的な「公約」を意味する名詞。ここから、〈～することを〉「堅く約束する」「誓う」「誓約する」という動詞としても用いられます。
- agree on ～は「～に同意（合意）する」「～について（意見が）一致する」という意味なので、agreed on further action to fight climate change の部分は「気候変動と闘うためのさらなる対策に合意した」→「気候変動と闘うためにさらなる対策をとることで一致した」となります。

☰ 対訳

「米中、気候変動で協調を約束」

米国と中国は、日曜日に発表した共同声明で、気候変動と闘うためにさらなる対策をとることに合意した。

2021年4月20日

action をどう訳すか

joint action は直訳すると「共同の行動」。ここから、日本語の「協調（行動）」に近いニュアンスでも使われる表現となっています。今日の見出しでは joint action on climate change で「気候変動に対する協調行動」→「気候変動をめぐって協調すること」という意味になるわけです。

この名詞 action は〈～するための〉「方策」「手段」「処置」→「措置」「対応」「対策」という意味合いでもしばしば用いられます。

そこで、本文の further action to fight climate change は「気候変動と闘うためのさらなる対策」ということですね。

Facebook Announces New Audio Features

Facebook announced it will roll out a series of audio features including Live Audio Rooms that allow users to listen and participate in live conversations.

Apr21,2021

CHECK!

- ☐ **audio feature(s)** … 音声機能
- ☐ **roll out** … ～の提供を開始する
- ☐ **a series of** … 一連の～
- ☐ **including** [ɪnklúːdɪŋ] … ～を含めて
- ☐ **allow ～ to V** … ～に…することを許す
- ☐ **participate** [paːrtísəpèɪt] … ～に参加する
- ☐ **live conversation** … 生の会話、目の前の会話

訳出のポイント

● feature はもともと目立つような「特徴」「特色」を意味する名詞。ここから、装置などの特色となる「機能」「性能」を指す単語としてもよく使われます。今日の場合は audio features で「音声機能」ということですね。

● allow ～ to V は「～に…することを許す」→「～が…できる（ようにする）」という意味なので、allow users to listen and participate in live conversations の部分は「ユーザーに生の会話を聴いたり、参加したりすることを許す」→「ユーザーが生の会話を聴いたり、参加したりできる」となるわけです。

対訳

「フェイスブック、新たな音声機能を発表」

フェイスブックが、一連の音声機能の提供を開始することを発表した。それらには、ユーザーが生の会話を聴いたり、参加したりできるLive Audio Rooms（ライブ・オーディオ・ルームズ）も含まれるという。

2021年4月21日

英字新聞でよく見る表現 roll out

roll out 〜は直訳すると「〜を転がして出す」。ここから、英字新聞では新製品、新サービスなどを「発表する」あるいは「（提供を）開始する」という意味でしばしば使われる表現となっています。
そこで、
roll out a series of audio features
の部分は「一連の音声機能の提供を開始する」ということですね。
そして、続く including 以下ではその“一連の音声機能”に“含まれる”ものが説明されています。
対訳では、この部分を独立させて「（それらの音声機能には）ユーザーが生の会話を聴いたり、参加したりできるLive Audio Rooms『ライブ・オーディオ・ルームズ』も含まれる」としています。

Academy Awards 2021: Nomadland Wins Three Oscars

Film drama Nomadland scooped three Oscars– best picture, best director, and best actress in a leading role at the 93rd Academy Awards. China-born Chloe Zhao became the second woman to win best director and the first woman of color.

Apr27,2021

CHECK!

- ☐ **Academy Awards (=Oscars)** … 【映画】アカデミー賞
- ☐ **film drama** … ドラマ映画、劇映画
- ☐ **scoop** [skú:p] …（賞などを）獲得する
- ☐ **actress in a leading role** … 主演女優
- ☐ **China-born** … 中国生まれの
- ☐ **woman of color** … 有色人女性、白人ではない女性

訳出のポイント

- scoop はもともと「小さなシャベル」「すくいさじ」を意味する名詞。an ice-cream scoop はアイスクリームをすくう「アイスディッシャー」を指します。動詞としても「すくい上げる」「すくいとる」「くむ」、穴などを「掘る」「えぐる」、転じて大金などを「手にする」「もうける」、賞などを「得る」「獲得する」といった意味に。
- born は「生まれる」「誕生する」。【地名 +-born】で「～生まれの」という形容詞になります。He is a Tokyo-born American.「彼は東京生まれのアメリカ人だ」。China-born Chloe Zhao「中国生まれのクロエ・ジャオ（監督）」。

対訳

「2021年アカデミー賞：『ノマドランド』が3冠」

第93回アカデミー賞で、ドラマ映画の『ノマドランド』が作品、監督、主演女優賞の3冠を獲得した。中国生まれのクロエ・ジャオ監督は、女性監督としては史上2人目、白人ではない女性としては初めての監督賞受賞となった。

2021年4月27日

記述用法としてのof

woman of colorの前置詞ofは色彩、形状、性質、寸法、価格、職業、役割などを表す名詞とともに用いて「〜の性質をもつ」「〜の」という【記述】をする用法になっています。つまり、「色（があるという性質）を持つ女性」→「有色人女性」→「非白人女性」ということです。
対訳では、やや婉曲的に「白人以外の女性」→「白人ではない女性」と訳しています。

May,2021

7	Mexico City Subway Overpass Collapse Kills 24
12	Elon Musk Reveals He Has Asperger's on U.S. TV Show
13	9 Killed in Russia School Shooting
14	Bitcoin Price Takes a Nosedive after Tesla Stops Accepting It as Payment
17	China Successfully Lands a Rover on Mars
19	Ariana Grande Ties the Knot
24	India Asks Social Media Firms to Remove 'Indian Variant' from Content
26	U.S. Issues Japan Travel Warning
28	Amazon Buys MGM for $8.45 Billion
31	Vietnam Detects Highly Contagious New Coronavirus Variant

2021年5月

7日	メキシコシティで地下鉄の高架橋崩落、24人死亡
12日	イーロン・マスク氏、 TV番組でアスペルガー症候群だと明かす
13日	ロシアの学校で銃撃、9人死亡
14日	ビットコイン急落、テスラ車購入で利用停止受けて
17日	中国の探査機、火星着陸に成功
19日	アリアナ・グランデが結婚
24日	インド、ソーシャルメディアに『インド株』削除を要請
26日	米国、日本への渡航中止勧告
28日	アマゾン、MGMを84億5000万ドルで買収
31日	ベトナムで新たな変異株発見、感染力高い

Mexico City Subway Overpass Collapse Kills 24

A subway overpass collapsed in Mexico City as a train was traveling over it, killing at least 24 people and injuring 79.

May7,2021

CHECK!

- □ **subway** [sʌ́bwèɪ] … 地下鉄
- □ **collapse** [kəlǽps] … 崩落（する）
- □ **travel over** … ～の上を走行する
- □ **injure** [índʒər] … ～をけがさせる

訳出のポイント

- 「地下鉄」は米国では subway、英国では underground あるいは metro が一般的です。逆に、subway は英国では「地下道」の意味に使われています。今日の記事は米国式で subway overpass で「地下鉄の高架橋」ということです。
- ただし、英国の報道では metro overpass となっているので、あわせて確認しておきましょう。
- kill _ people は「__人を殺す」、injure _ people は「__人を傷つける」「__人にけがをさせる」。事故や災害で犠牲者が発生した場合に、その事故や災害を無生物主語にして、「～が__人を殺した」→「～で__人が死亡した」「～が__人にけがをさせた」→「～で__人がけがをした」という表現になるわけですね。

対訳

「メキシコシティで地下鉄の高架橋崩落、24 人死亡」

メキシコシティで、列車が走行していた地下鉄の高架橋が崩落し、少なくとも 24 人が死亡し、79 人が負傷した。

2021 年 5 月 7 日

「旅行する」と訳さない travel

動詞 travel は「旅行する」の意味でおなじみですが、光、音、情報（ニュース、噂）などが「伝わる」、あるいは列車などが「進む」「走行する」といった意味でもしばしば使われる単語です。
今日の場合は、
as a train was traveling over it で「列車がそれ（＝地下鉄の高架橋）の上を走行していたときに」となっています。
つまり、本文前半部分は「メキシコシティで、列車が上を走行していたときに地下鉄の高架橋が崩落した」→「メキシコシティで、列車が走行していた地下鉄高架橋が崩落した」ということです。

Elon Musk Reveals He Has Asperger's on U.S. TV Show

Elon Musk, the CEO of Tesla and the second richest man in the world, revealed he has Asperger's syndrome while appearing on the popular U.S. comedy program Saturday Night Live.

May12,2021

CHECK!

- ☐ **reveal** [rɪvíːl] … ～だと明らかにする
- ☐ **Asperger's** [ǽspəːrgərz] **(syndrome)** … アスペルガー症候群
- ☐ **TV show** … テレビ番組
- ☐ **CEO** [síːìːóu] **[chief executive officer]** … 最高経営責任者
- ☐ **while** [wáɪl] … ～する間に
- ☐ **appear on** … （テレビ番組に）出演する
- ☐ **comedy program** … コメディ番組

訳出のポイント

- reveal は英字新聞頻出の重要単語の1つなので、しっかり再確認しておきましょう。「ベール（＝覆い）をはずす」という原意から秘密やこれまで知られていなかったもの・ことを「公開する」「公表する」「明らかにする」。
- Asperger's syndrome あるいは Asperger syndrome は 1944 年に Hans Asperger が初めて紹介した発達障害で、現在では言語発達が良好な自閉症と考えられているようです。

今日の見出しでは、reveals (that) he has Asperger's で「（彼が）アスペルガー症候群を持っていると明らかにする」→「アスペルガー症候群であることを明らかにする」

対訳

「イーロン・マスク氏、 TV 番組でアスペルガー症候群だと明かす」

テスラの最高経営責任者で世界長者番付2位のイーロン・マスク氏が、アメリカの人気コメディ番組『サタデー・ナイト・ライブ』に出演して、自身がアスペルガー症候群であることを明らかにした。

2021年5月12日

テレビ出演も appear on

appear on ～は「～の上に現れる」。雑誌など出版物などに「載る」「掲載される」、あるいはテレビ番組などに「出演する」という意味でよく使われる表現になっています。

ここではwhile appearing on the popular U.S. comedy program Saturday Night Liveで「人気の米コメディ番組の『サタデー・ナイト・ライブ』に出演している間に」→「アメリカの人気コメディ番組『サタデー・ナイト・ライブ』に出演中に」というわけです。

9 Killed in Russia School Shooting

Nine people, including seven students, were killed and at least 21 injured after a gunman opened fire in a public school in the Russian city of Kazan on Tuesday.

May13,2021

CHECK!

- □ **shooting** [ʃuːtiŋ] … 銃撃（事件）
- □ **including** [ɪnklúːdɪŋ] … ～を含む
- □ **gunman** [gʌ́nmən] … 銃を持った男
- □ **open fire** … 発砲する
- □ **public school** … 公立学校
- □ **Kazan** [kəzǽn] … 【ロシア】カザン

訳出のポイント

- shootingは「撃つ」「射撃する」という動詞shootの現在進行形が名詞化したもの。「射撃」「発射」「発砲」の意からニュースでは「発砲（事件）」「銃撃（事件）」を指して使われることも多くなっています。
- 今日の見出しではRussia school shootingで「ロシアの学校で起きた銃撃（事件）」ということですね。
- 「炎」「火炎」という名詞fireは「射撃」「発砲」「発射」という意味でもしばしば出てきますね。とくにopen fire「射撃を始める」「発砲する」という言い方は、銃撃事件などの記事で頻出です。
- a public schoolは「公立学校」。a private school「私立学校」とペアで確認しておきましょう。

対訳

「ロシアの学校で銃撃、９人死亡」

火曜日にロシアの都市カザンの公立学校で男が発砲し、生徒７人を含む９人が死亡、少なくとも21人がけがをした。

2021年5月13日

前置詞 including の使い方

include は全体の一部として「〜を含む」「包括する」という動詞。
including は include の現在分詞から派生した前置詞で、「〜を含めて」「〜を含む」の意。
本文の文頭では《nine people「9人」＝全体》で、including seven students と続いているので、「生徒7人を含む（全体で）9人」というわけです。

Bitcoin Price Takes a Nosedive after Tesla Stops Accepting It as Payment

The price of Bitcoin dropped around 12 % on Thursday after Elon Musk tweeted that Tesla has suspended vehicle purchases using the cryptocurrency due to climate change concerns.

May14,2021

CHECK!

- □ **take a nosedive** … 急降下する→急落する
- □ **accept ～ as payment** … ～を支払い（方法）として認める
- □ **drop _%** … _%下落する
- □ **tweet** [twí:t] … ツイートする（Twitter でつぶやく）
- □ **suspend** [səspénd] … ～を（一時）停止する
- □ **vehicle purchase(s)** … 車の購入
- □ **cryptocurrency** [kríptoukʌ̀rənsi] … 暗号通貨
- □ **due to climate change concerns** … 気候変動に対する懸念のため

訳出のポイント

● nosedive はもともと航空用語で、「垂直降下」。ここから、価格、利益などの「急低下」「急落」「暴落」を意味する名詞にもなっています。take a nosedive で「急降下する」「暴落する」。

● accept ～ as payment は「～を支払い（手段）として認める」→「～による支払いに応じる」。見出しの Tesla stops accepting it (=Bitcoin) as Payment は「テスラがビットコインによる支払いに応じるのを停止する」。

対訳

「ビットコイン急落、テスラ車購入で利用停止受けて」

イーロン・マスク氏が、気候変動に対する懸念から、テスラが暗号通貨ビットコインを利用した同社の車購入を停止したとツイッターに投稿したのを受けて、木曜日にビットコインの価格はおよそ12%下落した。

2021年5月14日

動詞としても名詞としても使われる tweet

tweet は名詞だと「(小鳥の) さえずり」→ Twitter に投稿された「ツイート」「つぶやき」。動詞だと (小鳥が)「さえずる」→ Twitter で「ツイートする」「つぶやく」という意味になっています。

ここでは、tweeted that で「ツイッターで…とつぶやいた」→「ツイッターで…と投稿した」というわけです。

China Successfully Lands a Rover on Mars

China successfully landed its rover on Mars, according to state media, becoming the third country in history to put a rover on the red planet.

May17,2021

CHECK!

- [ ] **successfully** [səksésfəli] … 成功のうちに
- [ ] **land a rover** … 探査機を着陸させる
- [ ] **Mars** [mɑ́:rz] **(=the red planet)** … 火星
- [ ] **state media** … 国営メディア、国営通信社
- [ ] **surface** [sə́:rfəs] … 地表

訳出のポイント

● state media の state は「国」「国家」の意。したがって「国のメディア」→「国営メディア」ということですね。中国の場合、「新華社」「中国中央電視台（CCTV）」など、共産党政権が統制している通信社やテレビなどがこの state media に当たります。

● red planet は直訳すると「赤い星」。the red planet は「火星」の別称としてよく登場する言い方なので (the planet) Mars とセットで覚えておきたいですね。
そこで、本文後半のカンマ以下は「火星に探査機を置いた歴史上３番目の国になった」→「火星への探査機着陸はこれで史上３ヵ国目となった」ということです。

対訳

「中国の探査機、火星着陸に成功」

中国の国営メディアによると、同国の探査機が火星着陸に成功したという。火星への探査機着陸はこれで史上3カ国目となった。

2021年5月17日

英字新聞頻出単語 successfully

「成功」という名詞としておなじみのsuccessから派生した副詞successfullyは英字新聞でも頻出です。
とくに、今日のように宇宙開発や科学などの話題で「～することに成功した」という場合、「成功する」という動詞succeedが使われることはほとんどありません。
そのかわりに【successfully + V】という形で「成功のうちに～する」→「～することに成功する」と表現するのが通例となっています。
今日の本文でも
China successfully landed its rover on Marsで「中国が成功のうちに探査機を火星に着陸させた」→「中国が探査機を火星に着陸させることに成功した」→「中国の探査機が火星着陸に成功した」というわけです。

Ariana Grande Ties the Knot

U.S. pop diva Ariana Grande tied the knot with luxury real estate agent Dalton Gomez five months after they announced their engagement.

May19,2021

CHECK!

- ☐ **tie the knot** … 結婚する
- ☐ **pop diva** … ポップス界の歌姫
- ☐ **luxury real estate agent** … 高級不動産エージェント
- ☐ **announce one's engagement** … 婚約を発表する

訳出のポイント

● luxuryは「豪華さ」「贅沢（さ）」という名詞。形容詞形はluxuriousですが、luxuryの方が語感が強く印象的なので、とくに広告などでは名詞のluxuryを形容詞的に「豪華な」「贅沢な」「高級な」という意味合いで多用する傾向があります。今日の記事でもluxury real estate agent「高級不動産エージェント」「高級不動産業者」となっています。

● engagementは「婚約」で、announce one's engagementだと「婚約を発表する」。本文末尾のafter以下は「（彼らは）婚約を発表した5カ月後に（結婚した）」ということです。対訳では、すっきりとした日本文にするためにこの部分を独立させて「（アリアナ・グランデさんがダルトン・ゴメスさんと結婚した。）2人は5カ月前に婚約を発表していた」としています。

対訳

「アリアナ・グランデが結婚」

米ポップス界の歌姫、アリアナ・グランデさんが高級不動産エージェントのダルトン・ゴメスさんと結婚した。2人は5カ月前に婚約を発表していた。

2021年5月19日

夫婦のきずなを意味するknot

knotはもともと綱、ひもなどの「結び目」「もつれ」を意味する名詞。ここから、とくに夫婦の「きずな」「縁」という意味でも使われます。
tie the marriage knotで「結婚のきずなを結ぶ」→「結婚する」という意味になりますが、marriageを省略してtie the knotだけで使われることの方が多いかもしれません。
tie the knot with ～で「～と結婚する」ということですね。

India Asks Social Media Firms to Remove 'Indian Variant' from Content

India's government asked social media companies to remove any content that refers to an "India variant" of the coronavirus from their platforms.

May24,2021

CHECK!

- □ **ask … to V** … …に～するよう要請する
- □ **social media firm (=company)** … ソーシャルメディア企業
- □ **remove** [rɪmúːv] … ～を削除する
- □ **Indian variant** … インド型変異種→インド株
- □ **content** [kɑ́ːntent] … コンテンツ
- □ **refer to** … ～に言及する

訳出のポイント

●動詞 remove は「～を取り去る」「～を持ち去る」の意。ここから、物や場所などから《汚れ・疑い・障害・問題などを》「取り除く」「除去する」「排除する」という意味合いでもしばしば使われる単語となっています。今日の記事では Indian variant（に言及するコンテンツ）をソーシャルメディアから「取り除く」→「削除する」ということですね。

●本文後半 remove 以下は「新型コロナウイルスの『インド型変異種』に言及するあらゆるコンテンツをプラットフォームから削除する」→「新型コロナウイルスの『インド型変異種』に言及するコンテンツを全てプラットフォームから削除する」というわけです。

対訳

「インド、ソーシャルメディアに『インド株』削除を要請」

インド政府がソーシャルメディア企業に対して、新型コロナウイルスの『インド型変異種』に言及するコンテンツを全てプラットフォームから削除するよう、要請した。

2021年5月24日

【依頼・要請】としてのask

askは「～を尋ねる」「～を聞く」「～を問う」という動詞としてよく知られていますね。
同時に、「～に頼む」「～に請う」という【依頼・要請】の意味でも使われる動詞です。
そこでask … to Vの形で
「…に～するよう頼む」「…に～するよう要請する」
という意味になるわけです。

U.S. Issues Japan Travel Warning

The U.S. Department of State on Monday issued a warning against traveling to Japan over the country's COVID-19 surge less than two months before the start of the Tokyo Olympics.

May26,2021

CHECK!

- ☐ **issue (a) travel warning** … 渡航中止勧告を発する
- ☐ **the U.S. Department of State** … 米国務省
- ☐ **warning against traveling to** … ～に対する渡航中止勧告
- ☐ **COVID-19 surge** … 新型コロナウイルス感染の急増

訳出のポイント

- surge は「急に高まること」「急上昇」「急増」という意味の名詞。そこで、COVID-19 surge は「新型コロナウイルス感染の急増」というわけです。
- 本文末尾の less than …以下は直訳すると「東京オリンピックの開始の2カ月未満前に」→「東京オリンピック開始まで2ヶ月ない時点で」。対訳では、この部分を文頭に出し、「東京オリンピックの開始まで2カ月を切った（月曜日に）」としています。

対訳

「米国、日本への渡航中止勧告」

東京オリンピック開始まで2カ月を切った月曜日、日本での新型コロナウイルス感染の急増をめぐり、米国務省が同国に対する渡航中止勧告を発した。

2021年5月26日

「渡航中止勧告」travel warning

travel warningは直訳すると「旅行（渡航）警告」。通常、“特定の国や地域への渡航の中止あるいは延期の勧告”を意味します。
今日の見出しのJapan travel warningも、そのまま訳すと「日本（への）渡航（に関する）警告」ですが、本文でa warning against traveling to Japan「日本への渡航に反対する警告」と説明されているように、実際には「日本への渡航中止勧告」ということですね。

Amazon Buys MGM for $8.45 Billion

Amazon announced Wednesday that it has agreed to buy MGM, one of Hollywood's most famous studios, for $8.45 billion, to consolidate its growing position in the entertainment world.

May28,2021

CHECK!

- ☐ **agree** [əgríː] … 合意する
- ☐ **studio** [st(j)úːdiòʊ] …（映画）スタジオ
- ☐ **consolidate** [kənsɑ́ːlədèɪt] … ～を強化する
- ☐ **growing position** … 成長を続ける立場
- ☐ **entertainment world** … エンターテインメント業界

訳出のポイント

- MGMはMetro-Goldwyn-Mayer「メトロ・ゴールドウィン・メイヤー」の略。1924年に設立した、米国の映画およびテレビ番組制作会社で、1939年の『オズの魔法使い』や1952年のミュージカル『雨に唄えば』のようなクラシックから、シルベスター・スタローンの『ロッキー』シリーズ、人気スパイ映画『007』シリーズなど数々の名作映画制作で知られるone of Hollywood's most famous studios「ハリウッドで最も有名な映画スタジオの１つ」ですね。
- growは「成長する」「育つ」「大きくなる」という動詞なので、その現在分詞が形容詞化したgrowingは「成長する」「大きくなる」「増加する」の意。growing positionで「成長する立場」「成長を続ける立場」「強まる立場」といった意味合いになります。

対訳

「アマゾン、MGM を 84 億 5000 万ドルで買収」

アマゾンが水曜日、ハリウッドで最も有名な映画スタジオの1つである MGM を 84 億 5000 万ドル（約 9200 億円）で買収することで合意したと発表。エンターテインメント業界において、成長を続ける同社の立場を強化する狙いだ。

2021 年 5 月 28 日

「～を強化する」consolidate

consolidate は【con-（一緒に）＋ solidate（堅固にする）】という成り立ちの動詞。
「～を強化する」「～を強固にする」「～を確固たるものにする」という意味になっています。
したがって本文後半の to consolidate…以下は「エンターテインメント業界におけるその（＝アマゾンの）成長を続ける立場を強化するために」。
対訳では、この部分を第 2 文として独立させ「エンターテインメント業界において、成長を続ける同社の立場を強化する狙いだ」としています。

Vietnam Detects Highly Contagious New Coronavirus Variant

Vietnam has discovered a new variant of the coronavirus that appears to be a mix of the strains first seen in India and the United Kingdom, the country's Health Ministry announced on Saturday. May31,2021

CHECK!

- ☐ **detect** [dɪtékt] **(=discover)** … 〜を発見する
- ☐ **highly contagious** … 感染力が高い
- ☐ **coronavirus variant** … 新型コロナウイルスの変異株
- ☐ **appear to be** … 〜だと思われる
- ☐ **mix** [míks] … 混合
- ☐ **strain** [stréɪn] **(s)** … （ウイルスの）株
- ☐ **(the) Health Ministry** … 保健省

訳出のポイント

- contagious は病気が「(接触によって) 伝染する」「(人から人へ) 感染する」という形容詞。そして、highly が「非常に」「大いに」「高度に」という副詞なので highly contagious で「大いに伝染（感染）する」→「伝染性の高い」「感染力が高い」。
- a mix of the strains first seen in India and the United Kingdom の部分は、「もともとインドと英国で見られた株の混合」→「最初にインドおよび英国で見つかった（変異）株の混合」。対訳では、わかりやすいように「インド型と英国型の混合(と思われる新たな変異株)」としています。

対訳

「ベトナムで新たな変異株発見、感染力高い」

ベトナムで、インド型と英国型の混合だと思われる新型コロナウイルスの新たな変異株が見つかった。土曜日に同国保健省が発表した。

2021年5月31日

detect と discover

detectの語源は「覆いを取り除く」という意のラテン語detectus。ここから、「〜を見つける」「〜を検出する」「〜を発見する」という動詞になっています。

discoverも【dis-（除く）＋cover（覆い）】という成り立ちの語で「覆いを除く」→「〜を見つける」「〜を発見する」という動詞ですね。

今日の記事では、どちらも新型コロナウイルスの新たな変異株を「見つける」「発見する」という文脈で使われています。

June,2021

1 China to Allow Families to Have Three Children

2 Naomi Osaka Withdraws from French Open, Revealing Her Depression

4 Amazon Warehouse Injuries Much Higher than Competitors, Report Shows

7 Facebook Freezes Trump Accounts for Two Years

8 Yuka Saso Wins U.S. Women's Open after Playoff with Nasa Hataoka

9 U.S. Approves First New Alzheimer's Drug in Nearly 20 Years

18 China Successfully Launches Crewed Spacecraft to New Space Station

21 Tokyo Olympics: Ugandan Tests Positive for COVID upon Arrival in Japan

28 At least 159 Missing after Apartment Building Collapse Near Miami

29 Lego Plans to Sell Bricks from Recycled PET Bottles

2021年6月

1日	中国、1世帯あたり子ども3人を容認へ
2日	大坂なおみが全仏オープン棄権、うつを告白
4日	報告書:アマゾン倉庫での負傷、競合他社よりはるかに多い
7日	フェイスブック、トランプ氏のアカウントを2年間凍結
8日	笹生優花が全米女子オープン優勝、畑岡奈紗とのPO制す
9日	米が新アルツハイマー治療薬を承認、約20年ぶり
18日	中国が有人宇宙船の打ち上げ成功、新宇宙ステーションへ
21日	東京五輪:日本到着のウガンダ選手団、 1人が新型コロナ陽性
28日	マイアミ近郊でマンション崩壊、 少なくとも159人が安否不明
29日	レゴ、ペットボトル再利用のブロック発売へ

China to Allow Families to Have Three Children

China announced on Monday that it will allow married couples to have up to three children, shifting from the existing two-child policy after its recent census showed a dramatic decline in births.

Jun1,2021

CHECK!

- □ **allow（人）to V** … （人）が〜することを認める
- □ **married couple** … 夫婦
- □ **up to** … 最大〜
- □ **shift from** … 〜から切り替える
- □ **existing two-child policy** … 現行の二人っ子政策
- □ **census** [sénsəs] … 国勢調査
- □ **a dramatic decline in births** … 出生数の大幅減少

訳出のポイント

- allow（人）to Vは「(人) が〜することを認める」という意味。そこで今日の見出しは「中国が家族が3人の子どもを持つことを認める」→「中国が1世帯あたり3人の子ども（を持つこと）を容認する」となります。
- dramaticは「劇の」「戯曲の」「脚本の」という形容詞。ここから「芝居にありそうな」「印象的な」「劇的な」→「突然起きる」「飛躍的な」「目覚ましい」「大規模な」という意味合いでも使われます。今日の場合はa dramatic decline in birthsで「出生数における目覚ましい減少」→「出生数の激減」「出生数の大幅減少」ということですね。

対訳

「中国、1世帯あたり子ども3人を容認へ」

中国は月曜日、夫婦が最大3人の子どもを持つことを認めると発表した。先般の国勢調査で出生数の大幅減少が明らかになったことを受けて、現行の二人っ子政策を転換した形だ。

2021年6月1日

「切り替える」shift from

shiftは位置や方向を「変える」「切り替える」「移す」という動詞。
shift from ～（to …）で「～から（…へ）切り替える」という意味になります。
したがって、
shifting from the existing two-child policyの部分は
「現行の二人っ子政策から切り替える」→「現行の二人っ子政策から転換する」ということですね。

Naomi Osaka Withdraws from French Open, Revealing Her Depression

World number two Naomi Osaka announced her withdrawal from the French Open after being fined $15,000 for refusing her post-match news conference. She also revealed that she has "suffered long bouts of depression" since rising to sudden fame with her 2018 U.S. Open victory.

Jun2,2021

CHECK!

- ☐ **withdraw from** …（競技・大会）を棄権する
- ☐ **reveal** [rɪvíːl] … ～を明らかにする→告白する
- ☐ **announce one's withdrawal** … 棄権を発表する
- ☐ **be fined $_** … _ドルの罰金を科せられる
- ☐ **refuse post-match news conference** … 試合後の記者会見を拒否する
- ☐ **suffer long bouts of depression** … 長期に渡るうつ（病）に苦しむ
- ☐ **rise to sudden fame** … 急に有名になる

訳出のポイント

● refuse は「～を断る」「～を拒絶（拒否）する」という動詞。post-match press conference が「試合後の記者会見」なので、being fined $15,000 for refusing her post-match news conference の部分は「試合後の記者会見を拒否したことで 1.5 万ドルの罰金を科された」→「試合後の記者会見を拒否して 1.5 万ドルの罰金を科された」となります。

対訳

「大坂なおみが全仏オープン棄権、うつを告白」

試合後の記者会見を拒否し、1.5万ドル（約165万円）の罰金を科されたテニス世界ランキング第2位の大坂なおみ選手が、全仏オープンの棄権を発表した。大坂選手はまた、2018年全米オープン優勝で突然有名になって以来、“長い間うつ病に苦しんできた”ことを明らかにした。

2021年6月2日

「棄権する」withdraw

withdrawは陳述、約束、申し出などを「取り消す」「撤回する」「取り下げる」、軍隊などが「撤退する」などの意味で頻出の動詞。

英字新聞では団体、組織、会、活動などから「脱退する」「手を引く」、競技・大会などの「出場を取り消す」「棄権する」という意味でもしばしば用いられます。

今日の場合は、withdraw from the French Openでテニスの「全仏オープンを棄権する」ということですね。

withdrawalはwithdrawの名詞形なので、本文のannounced her withdrawal from the French Openの部分は「全仏オープン棄権を発表した」となるわけです。

Amazon Warehouse Injuries Much Higher than Competitors, Report Shows

Employees at U.S. Amazon warehouses are injured at a much higher rate than those doing similar jobs at rival companies, according to a recent study.

Jun4,2021

CHECK!

- ☐ **warehouse** [wéərhàus] … 倉庫
- ☐ **injury** [índʒəri] … 負傷、けが
- ☐ **competitor (=rival company)** … 競合他社
- ☐ **report** [ripɔ́ːrt] **(=study)** … 調査報告書
- ☐ **employee** [implɔ́iiː] … 従業員
- ☐ **at a much higher rate** … はるかに高い割合で

訳出のポイント

● warehouse は「倉庫」「商品保管所」。見出しの Amazon warehouse injuries は「アマゾンの倉庫における負傷」「アマゾンの倉庫で起きる負傷」という意味合いになっています。

● competitor は【compete（競争する）＋ or（〜する人）】という成りたちで「競争する人」→「競争相手」「ライバル」「競合企業（他社・業者）」という意味の名詞です。
本文では rival company と言い換えられていますね。

対訳

「報告書：アマゾン倉庫での負傷、競合他社よりはるかに多い」

最近の調査報告によると、米アマゾンの倉庫で働く従業員は、競合他社で同じような仕事をしている人たちよりも、負傷する割合がはるかに高いという。

2021年6月4日

受動態で使うinjure

injuryは名詞で「負傷」「けが」ですが、injureはその動詞形で「〜を傷つける」「〜を痛める」→「〜をけが（負傷）させる」の意。
通常は【be injured】と受動態の形で日本語の「けがをする」「負傷する」にあたる表現として目にすることが多い単語です。
今日の場合も
are injured at a much higher rate
「はるかに高い割合で負傷する」となっていますね。
続く部分はthose (who are) doing similar jobs at rival companiesのように（　）内を補って考えてください。
つまり「競合他社で同じような仕事をしている人々」ということです。

Facebook Freezes Trump Accounts for Two Years

Facebook Inc. announced Friday that former U.S. President Donald Trump's Facebook and Instagram accounts will be suspended for two years.

Jun7,2021

CHECK!

- ☐ **freeze one's account(s)** … アカウントを凍結する
- ☐ **former** [fɔ́:rmər] … 前～、元～
- ☐ **suspend** [səspénd] … ～を停止する

訳出のポイント

- freezeはもともと液体などが「凍る」「氷結する」という動詞。ここから、液体・物などを「凍らせる」「冷凍する」→資産・賃金・物価・計画などを「凍結する」という意味でも使われます。今日のタイトルではfreeze one's accountで「～のアカウント（口座）を凍結する」という言い方で登場しています。
- この場合のaccountは、元来は銀行などの「預金口座」の意ですが、近年ではコンピュータやインターネット上で、パソコンやネットワークを利用するための資格を意味する「アカウント」という意味で使われることも多くなっていますね。ここでも、フェイスブック（およびインスタグラム）というSNSの「アカウントを凍結する」というわけです。

対訳

「フェイスブック、トランプ氏のアカウントを２年間凍結」

フェイスブック社は金曜日、ドナルド・トランプ前米大統領のフェイスブックおよびインスタグラムのアカウントを２年間停止することを発表した。

2021 年 6 月 7 日

「一時的に停止する」suspend

本文で使われている suspend は利権・法執行力・機能・事業活動などを「一時的に停止する」「中断（中止）する」という意味の動詞。
資格を必要とする職業（医師・弁護士など）を「資格停止にする」、スポーツ選手などを「出場停止にする」といった意味合いでも使われます。
ここでは、(accounts) will be suspended for two years と受動態なので「アカウントが２年間停止される」ということですね。

Yuka Saso Wins U.S. Women's Open after Playoff with Nasa Hataoka

19-year-old Yuka Saso birdied the third playoff hole to beat fellow Japanese Nasa Hataoka on Sunday, winning the U.S. Women's Open. Saso became the second teenager to capture a major title.

Jun8,2021

CHECK!

- □ **playoff** [pléiɔ̀f] …【ゴルフ】プレーオフ
- □ **birdie** [bə́:rdi] …【ゴルフ】バーディー（を取る）
- □ **beat** [bí:t] … ～を負かす
- □ **fellow Japanese** … 同じ日本人（の）
- □ **teenager** [tí:nèɪdʒər] … ティーンエイジャー、10 代の少年少女
- □ **capture a major title** … メジャー（大会で）優勝する

訳出のポイント

- ゴルフ用語の birdie は「バーディ」という名詞であると同時に「バーディを取る」「バーディを奪う」という動詞としても使われます。そこで、birdied the third playoff hole は「プレーオフの 3 ホール目でバーディを取った」ということですね。
- fellow は「仲間」「同僚」「友だち」という名詞ですが、しばしば、形容詞的に「同僚の～」「仲間の～」「同じ地位（立場）の～」という意味で使われます。今日の場合は、fellow Japanese Nasa Hataoka で「同じ日本人の畑岡奈紗」というわけです。

対訳

「笹生優花が全米女子オープン優勝、畑岡奈紗とのPO制す」

19歳の笹生優花が日曜日、同じ日本人の畑岡奈紗とのプレーオフ3ホール目でバーディを奪い、全米女子オープン優勝を飾った。10代でのメジャー制覇は史上2人目だ。

2021年6月8日

英字新聞頻出単語 capture

captureはもともと人・動物を（力づくで）「捕らえる」「捕獲する」という動詞。
英字新聞では、試合や競技で（勝利を）「勝ち取る」という意味でしばしば使われます。
ここでは
capture a major titleで「メジャータイトルを勝ち取る」→「メジャーで優勝する」という表現になっています。
したがって本文第2文は「笹生はメジャー優勝する（史上）2人目のティーンエイジャーとなった」→「10代でのメジャー制覇は史上2人目である」ということですね。

U.S. Approves First New Alzheimer's Drug in Nearly 20 Years

The U.S. Food and Drug Administration on Monday approved the first new drug for Alzheimer's disease since 2003. Aducanumab was developed for patients with mild cognitive impairment and intends to slow the progression of the disease, not just ease the symptoms.

Jun9,2021

CHECK!

- ☐ **approve** [əprúːv] … 承認する
- ☐ **Alzheimer's** [ɑ́ːltshaɪmərz] **(disease)** … アルツハイマー病
- ☐ **Food and Drug Administration** …【米国】食品医薬品局
- ☐ **Aducanumab** …【薬剤名】アデュカヌマブ
- ☐ **mild cognitive impairment** … 軽度の認知（機能）障害
- ☐ **intend to** … 〜を目的とする
- ☐ **slow the progression (of the disease)** …（病気の進行を）遅らせる
- ☐ **ease the symptoms** … 症状を緩和する

訳出のポイント

● impairment は「損傷」「悪化」「減損」を意味する名詞。cognitive が「認識の」「認知（力・機能）の」という形容詞なので、cognitive impairment で「認知の損傷・悪化」→「認知（機能）障害」という意味になっています。patients with mild cognitive impairment の部分は「軽い認知障害とともにある患者（ら）」→「軽度の認知障害を持つ患者」ということです。

対訳

「米が新アルツハイマー治療薬を承認、約20年ぶり」

米食品医薬品局は月曜日、2003年以来初となる新たなアルツハイマー病治療薬を承認した。「アデュカヌマブ」は軽度の認知障害を持つ患者のために開発され、症状の緩和だけではなく病気の進行を遅らせることを目的としている。

2021年6月9日

progression of the disease
「病気の進行」

progressionは「進行」「前進」「進歩」「発達」といった意味の名詞。
ここでは、
progression of the disease「病気の進行」で、
slow the progression of the diseaseだと「病気の進行を遅くする」→「病気の進行を遅らせる」というわけです。

China Successfully Launches Crewed Spacecraft to New Space Station

China successfully launched a spacecraft carrying three astronauts to stay at the country's new space station, which is under construction, for the next three months.

Jun18,2021

CHECK!

- ☐ **successfully launch** … 打ち上げることに成功する→打ち上げに成功する
- ☐ **crewed spacecraft** … 有人宇宙船
- ☐ **space station** … 宇宙ステーション
- ☐ **carry** [kéri] … ～を運ぶ
- ☐ **astronaut** [ǽstrənɔ̀:t] … 宇宙飛行士
- ☐ **(be) under construction** … 建設中である
- ☐ **for the next _ months** … 今後__カ月間

訳出のポイント

- carry は「～を運ぶ」「～を携帯する」という動詞。
  a spacecraft carrying three astronauts の部分は「3 人の宇宙飛行士を運んでいる宇宙船」→「3 人の宇宙飛行士が搭乗する宇宙船」というわけです。
- construction は「建設（作業）」「建造」。under construction で「建設（建築・建造）中で」という意味になっています。したがって [,] にはさまれた which is under construction の部分は直前の the country's new space station を修飾（＝説明）する文節で、「建設中であるその国（＝中国）の新宇宙ステーション」→「同国が新しく建設中の宇宙ステーション」ですね。

対訳

「中国が有人宇宙船の打ち上げ成功、新宇宙ステーションへ」

中国が3人の宇宙飛行士が搭乗する宇宙船の打ち上げに成功した。3人は同国が新しく建設中の宇宙ステーションに3カ月滞在する。

2021年6月18日

英字新聞頻出単語 successfully

副詞 successfully は英字新聞でも頻出。
使い方をしっかり確認しておきましょう。
後ろにくる動詞を修飾して「成功のうちに〜する」「首尾よく〜する」「うまく〜する」→「〜することに成功する」→「〜に成功する」という意味になりますね。
今日の場合は
successfully launch 〜で「〜を打ち上げることに成功する」→「〜の打ち上げに成功する」というわけです。

Tokyo Olympics: Ugandan Tests Positive for COVID upon Arrival in Japan

A member of Uganda's Olympic squad tested positive for COVID-19 after arriving in Japan Saturday night for the Tokyo Games due to begin on July 23. Jun21,2021

CHECK!

- ☐ **test positive for** … ～の検査で陽性と出る
- ☐ **upon arrival** … 到着時に
- ☐ **Olympic squad** … オリンピック選手団
- ☐ **Tokyo (Olympic) Games** … 東京（オリンピック）大会
- ☐ **due to** … ～する予定である

訳出のポイント

- Ugandan は東アフリカの国 Uganda「ウガンダ」から派生した名詞・形容詞。今日の見出しでは「ウガンダ人」の意味になっています。
- arrival は「到着する」の意味でおなじみの動詞 arrive の名詞形で「到着（すること）」です。ここから upon arrival あるいは on arrival で「到着に際して」「到着時に」「着いてすぐに」という意味になります。
- due to V は「～することになって」「～するはずで」「～する予定で」という意味。本文末尾の for the Tokyo Games due to begin on July 23rd の部分は「7 月 23 日に始まる予定の東京大会のために」→「7 月 23 日から開催予定の東京大会のために」というわけです。

対訳

「東京五輪：日本到着のウガンダ選手団、1人が新型コロナ陽性」

7月23日から開催予定の東京大会のために土曜夜に日本に到着したウガンダ選手団のうち1人が、新型コロナウイルスの検査で陽性だった。

2021年6月21日

新型コロナ流行後、新聞で目にするようになった単語

positiveは「明確な」「疑いのない」「肯定的な」などの意味と同時に医学的に（検査の反応・投薬効果などが）「陽性の」という意味の形容詞。
したがってtest positive for ～で「～の検査で陽性の反応を示す」「～の検査で陽性となる」という意味になっています。
新型コロナ流行が始まって以来、英字新聞でも
test positive for the coronavirus
test positive for COVID-19
「新型コロナウイルスの検査で陽性となる」という表現はしばしば登場していますね。

At least 159 Missing after Apartment Building Collapse Near Miami

At least 4 people were killed and 159 people remain missing after a 12-story apartment building partially collapsed near Miami, Florida, early Thursday.　Jun28,2021

CHECK!

- □ **apartment building collapse** … マンション崩壊
- □ **remain missing** … 安否不明（行方不明）のままである
- □ **_-story** … _階建ての
- □ **partially collapse** … 部分的に崩れ落ちる

訳出のポイント

● collapse は【col-（一緒に）＋-lapse（落ちる）】という成り立ちの語で、建物、足場、屋根などが「崩壊する」「崩れる」という動詞。ここから建物などの「倒壊」「崩壊」「崩落」という名詞にもなっています。今日の見出しでは名詞として使われおり、apartment building collapse で「マンションの崩壊」となっています。また、本文では a 12-story apartment building partially collapsed の部分で［collapsed］と動詞過去形で登場しています。「12 階建てのマンションが部分的に崩れ落ちた」というわけです。

● missing は物が「あるべき所にない」、人が「いるべき所にいない」状態を意味する形容詞。remain ～は「依然として～の（状態の）ままである」「相変わらず～である」なので、remain missing は「行方不明のままである」「依然として安否不明である」「今も連絡が取れていない」。

対訳

「マイアミ近郊でマンション崩壊、少なくとも159人が安否不明」

木曜日未明に米フロリダ州のマイアミ近郊で12階建てのマンションの一部が崩壊し、少なくとも4人が死亡、159人が安否不明になっている。

2021年6月28日

TODAY'S POINT
今日のポイント

アパート、マンション、コンドミニアム

米国ではapartmentは「集合住宅の中の一世帯分の区画」を意味します。つまり、個々の部屋を指しています。いわゆる日本語の「アパート」と「マンション」の区別はなく、全ての「集合住宅」「共同住宅」が含まれていることにも注意しましょう。建物全体を指すにはapartmentsと複数形にするか、apartment buildingあるいはapartment houseを用います。今日の記事ではフロリダ州マイアミ近郊の高級集合住宅なので、「マンション」と訳しています。英国ではapartmentは「短期保養などのための貸室」を指し、日本でいう「アパート」「マンション」のことはflatと言います。condominium (=condo)「コンドミニアム」は土地が共同所有で部屋だけが個人所有のマンションの1区画を意味します。日本の「分譲マンション」とほぼ同義ですね。日本ではリゾート地にある集合住宅型の別荘を「コンドミニアム」と呼ぶこともありますが、英語圏にはない感覚なので注意しましょう。

Lego Plans to Sell Bricks from Recycled PET Bottles

Lego announced that it has developed prototype bricks made from recycled PET bottles. The toy giant is aiming to put those bricks on shelves within two years. Jun29,2021

CHECK!

- ☐ **brick** [brík] … （おもちゃの）ブロック
- ☐ **recycled** [rìːsaíkld] … リサイクルした、再利用した
- ☐ **PET bottle** … ペットボトル
- ☐ **develop** [dɪvéləp] … ～を開発する
- ☐ **prototype** [próutətɑip] … 試作品
- ☐ **made from** … ～で作られている
- ☐ **aim to** … ～に目標を設定する
- ☐ **put ～ on shelves** … ～を市販を開始する

訳出のポイント

●玩具の「積み木」「ブロック」は、米国ではblockと言います。しかし、英国ではbrickが使われます。brickはもともと「レンガ」の意です。ここから、レンガのように積んだり、組み合わせたりするおもちゃのことをbrickと言うようになったわけです。レゴブロックで有名な玩具会社LEGOはデンマークの会社。レゴ社はレゴブロックのことをLego brick(s)として発売しているので、米国でもblockではなくbrickと呼ばれています。

●shelvesはshelf「棚」の複数形。ここでは、store shelf「店の棚」→「商品棚」。ここから、on shelvesは「店の棚に置かれて」→「市販されて」。今日の場合はput～on shelvesで「店の棚に置く」→「市販する」「市販を開始する」。

対訳

「レゴ、ペットボトル再利用のブロック発売へ」

玩具大手のレゴが、ペットボトルを再利用したブロックの試作品を開発したと発表した。このブロックの2年以内の市販開始を目指しているという。

2021年6月29日

made from recycled PET bottles の訳し方

recycleは「～を再利用する」という動詞。
recycledはその過去分詞形が形容詞化した語で、「再生利用した」の意ですね。
recycled paper「再生紙」 recycled fuel「再生燃料」のように使われます。
今日の場合はRecycled PET Bottlesで「再生（利用した）ペットボトル」「再利用したペットボトル」。
(be) made from ～が「～から作られている」「～でできている」という意味なので、
prototype bricks made from recycled PET bottlesは「再利用したペットボトルから作られたブロックの試作品」→「ペットボトルを再利用したブロックの試作品」。

Column 2 英字新聞は最強の英語学習メディア

ここで言う「英字新聞」とは、「紙」の英字新聞です。

Washington Post、NewYork Times、USA Today、Wall Street Journalといったアメリカ発の新聞は国際空港、丸善などの大型洋書店以外は入手困難ですが、The Japan TimesやAsahi Weeklyといった日本発の英字新聞は、KIOSKや大型書店で販売されています。

今さら紙の英字新聞を読む意味があるのか、WEB版なら世界の英字新聞が読めるのではないかという反論もあるかと思います。

先日、出張先のホテルで、朝食時、英字新聞を読んでました。移動の新幹線でも英字新聞を読んでました。WEB版とは違う新鮮さがあります。新聞は脳に新鮮な刺激を与えてくることに気づいたのです。

新聞の見開きにはものすごい量の情報が平面的に広がります。記事下の広告も文字情報として目に飛び込んできます。視野いっぱいに広がる活字がうごめき、目に飛び込むのが新鮮でした。

スマホやPCで英文ニュースサイトを読むときは、読み手が能動的にリンクをクリックしたり、指でタップしたり、スクロールし情報を選別します。つまり記事のタイトル、あるいはサムネイル（個別記事の代表的な写真の縮小版）の写真だけで、自分にとって読む価値があるかないかを選別するのです。

そこには情報の価値を主観的に決めて取捨選択をするという作業が介入しています。言い換えれば閉鎖的な価値の序列体系（ヒエラルキー）に自分自身が閉じ込められています。

情報収集において、これは極めて危険なわけです。

自分が主体的に情報を選別していると思っていても、思っているのは自分だけで、実はその閉鎖的な価値のヒエラルキーから〈外〉に出ていないわけなのです。

つまりCLOSEDな世界＝閉じられてる世界で物事を見ているわけですね。これでは本来の目的である「情報収集」が達成できません。

紙の新聞の場合は逆で、読み手は一見、「受動的」に情報を受け取ることになります。しかし、受動的であるがゆえに、実はこちらのほうがよりOPENなのです。

読んでいるととてもためになる情報を見かけます。これは保存しておきたい記事だ、と思うことがあります。昔は新聞や雑誌記事のスクラップ帳なるものがありました。今でも探せばあるのでしょうけれど。

英字新聞を切り抜いてノートなどに貼りつける作業は、このテクノロジーが進化した時代、考えただけでも面倒です。

そこで、スマホで気になる記事を撮影してみたのです。皆さんも、新聞がお手元にあれば適当に記事を撮影してみてください。

いかがでしょうか？　ハズキルーペではありませんが、文字が小さくて見えない！　と思われますか？　実は、片面1ページを全て撮影しても、親指と人差し指で簡単に拡大して読むことができるのです。

どうでしょう？　新聞1面が拡大され正確に文字を読み取ることができるかと思います。

こうやって英字新聞から気になる記事を撮影し、スマホの「写真」の中に「英字新聞」という自分だけのフォルダを作れば、自分だけの英語学習ツールができ上がります。

受動的に、無差別的に受け取った情報です。これを手元に英字新聞がないときに開いて読み返すのです。1年続ければ、英文読解力は飛躍的に向上しているはずです。ぜひお試しください。

July,2021

1	134 Dead as Heatwave Shatters Records in North America
5	Japan Mudslide: 20 People Missing in Atami City
6	Shohei Ohtani Becomes 1st Two-way Player Picked for All-Star Game
8	Didi's U.S. Shares Plunge amid China's Tech Firm Crackdown
12	Spectators Barred at Olympics as Tokyo Goes Back under State of Emergency
13	Lightning Strike Kills 11 Taking Selfies in Northern India
14	Virgin Galactic Completes Successful Space Flight with Richard Branson on board
19	Germany and Belgium Floods: 170 Killed and Hundreds Still Missing
26	Opening Ceremony Kicks off Tokyo Olympics
28	Tokyo Olympics: Japan Wins Gold in Table Tennis Mixed Doubles
30	Tokyo Reports Record 3,177 New COVID-19 Cases

2021年7月

1日	北米で記録的熱波、死者134人
5日	日本:熱海市で土石流、行方不明20人
6日	大谷翔平、オールスター史上初の二刀流選出
8日	滴滴株が米市場で急落、中国政府の技術系企業取締りで
12日	東京に再び緊急事態宣言、五輪は無観客
13日	インド北部、自撮り中の11人が落雷で死亡
14日	ヴァージン・ギャラクティク、 リチャード・ブランソン氏乗せた宇宙飛行に成功
19日	ドイツ・ベルギー洪水:死者170人行方不明数百人
26日	東京五輪幕開け、開会式で
28日	東京五輪:卓球混合ダブルスで日本が金
30日	東京のコロナ感染者、過去最多の3177人

134 Dead as Heatwave Shatters Records in North America

At least 134 people in Canada's Vancouver area have died in a record-shattering heatwave engulfing the west of the country and the U.S. Pacific Northwest.

Jul1,2021

CHECK!

- ☐ **heatwave** [híːtwèɪv] … 熱波
- ☐ **shatter records** … 記録を破る
- ☐ **North America** … 北アメリカ、北米
- ☐ **Pacific Northwest** …（北米大陸の）太平洋沿岸北西部
- ☐ **record-shattering** … 記録破りの→記録的な
- ☐ **engulf** [ɪngʌ́lf] … ～を飲み込む、包み込む

訳出のポイント

● engulf は【en-（～の中に）＋ gulf（湾）】という成り立ちで、「湾の中（に包み込む）」→波、戦争、火などが「～を包み込む」「～を飲み込む」「～を巻き込む」という動詞になっています。

●そこで、本文後半の in a record-shattering heatwave …以下は「その国（＝カナダ）の西部と米国の太平洋沿岸北西部を飲み込んだ記録的な熱波の中で」→「カナダ西部と米国の太平洋沿岸北西部が記録的な熱波に見舞われ」ということです。

対訳

「北米で記録的熱波、死者 134 人」

カナダ西部と米国の太平洋沿岸北西部が記録的な熱波に見舞われ、カナダのバンクーバー地方では少なくとも134 人が死亡した。

2021 年 7 月 1 日

「記録を更新する」shatter

shatter は「〜を打ち砕く」「〜を粉々にする」という動詞。そこで、shatter a record で「記録を打ち破る」「記録を更新する」という意味になるわけですね。
本文に出てくる record-shattering はこの表現から派生した形容詞で「記録破りの」という意味になっています。
せっかくなので、類似の break a record「記録を破る」→ record-breaking「記録破りの」および set a record「記録を達成する」「記録を打ち立てる」→ record-setting「新記録の」という表現についても、あわせて確認しておくといいですね。

Japan Mudslide: 20 People Missing in Atami City

Frantic search-and-rescue efforts continued on Sunday, a day after a massive mudslide hit the popular seaside resort city of Atami amid Japan's rainy season, killing two people and leaving about 20 others missing.

Jul5,2021

CHECK!

- ☐ **(massive) mudslide** [mʌ́dslaɪd] …（大規模な）土石流
- ☐ **missing** [mísɪŋ] … 行方不明の
- ☐ **frantic search-and-rescue efforts** … 懸命な捜索・救助活動
- ☐ **seaside resort** … 海辺のリゾート
- ☐ **rainy season** …【日本】梅雨

訳出のポイント

● mudslide は【mud（泥）＋ slide（滑り）】という成り立ちで、「泥の地滑り」→「泥流」「土石流」の意。mudflow とも言います。また、似た表現に landslide があり、mudslide と同義に用いられる場合もありますが、どちらかというと日本語の「地滑り」「山崩れ」「がけ崩れ」に近い表現となっています。

● frantic はもともと恐怖、苦痛、心配、喜びなどで「気も狂わんばかりの」「狂気じみた」という形容詞。ここから、強意的に「ものすごい」「大急ぎの」「大慌ての」といったニュアンスでも使われます。今日の場合は frantic search-and-rescue efforts で「(気も狂わんばかりの）懸命な捜索・救助活動」という表現になっています。

対訳

「日本：熱海市で土石流、行方不明 20 人」

梅雨の最中の日本で、海辺リゾートとして人気の熱海市を大規模な土石流が襲った。2人が死亡し約20人が行方不明となっており、発生翌日の日曜日にも懸命な捜索・救助活動が続けられた。

2021年7月5日

ハイフンでつながっている形容詞

search and rescue は「捜索および救助」。
search-and-rescue とハイフンでつなげると後ろに名詞をとる形容詞になります。
したがって search-and-rescue efforts は「捜索および救助の努力（取組み）」→「捜索・救助活動」という意味になるわけです。

Shohei Ohtani Becomes 1st Two-way Player Picked for All-Star Game

Japan's Shohei Ohtani became the first ever Major League Baseball player to be selected for the All-Star game both as a pitcher and a hitter.

Jul6,2021

CHECK!

- [ ] **two-way player** … 二刀流選手
- [ ] **(be) picked (=selected) for (the) All-Star game** … オールスター戦に選ばれる
- [ ] **Major League Baseball** … メジャーリーグ、大リーグ
- [ ] **hitter** [hítər] … 打者、バッター

訳出のポイント

- two-way は文字通り「2通りの」「2方向の」という形容詞。two-way traffic「両面通行」two-way communication「双方向のコミュニケーション」という具合に使われます。
ここから two-way player は「投手としても打者としても優れた野球選手」「攻撃と守備の両方に秀でたバスケットボール選手」など、「二刀流選手」に当たる表現になります。
- 本文は、(日本の大谷翔平が)「投手と打者の両方としてオールスター戦に選出される初の大リーグ選手となった」→「米メジャーリーグのオールスター戦に、史上初めて投手と打者の両方で選出された」というわけです。
- 日本の「打者」「バッター」は英語では batter とも言いますが、hitter の方がより一般的になっています。

対訳

「大谷翔平、オールスター史上初の二刀流選出」

日本の大谷翔平が、メジャーリーグのオールスター戦に、史上初めて投手と打者の両方で選出された。

2021年7月6日

pick のもともとの意味

pick は花、果実などを「摘み取る」「つまみとる」といった意味でもよく使われますが、もともとは人や物を「(入念に) 選ぶ」「精選する」という動詞。
select とほぼ同義ですね。
そこで、見出しの 1st Two-way Player (who was) picked for All-Star Game の部分は、「オールスター戦に選出された最初の二刀流選手」となっています。

Didi's U.S. Shares Plunge amid China's Tech Firm Crackdown

Didi Chuxing's share price dropped 25% on the U.S. stock market on Tuesday after Beijing cracked down on Chinese tech firms listing overseas.

Jul8,2021

CHECK!

- ☐ **Didi (Chuxing)** … 【中国】滴滴（出行）＝ディディ
- ☐ **plunge** [plʌ́ndʒ] … 急落する
- ☐ **tech firm** … テクノロジー企業、技術系企業
- ☐ **crackdown** [krǽkdàun] … 取締り、弾圧
- ☐ **drop** [drɑ́:p] … 下落する
- ☐ **Beijing** [bèidʒíŋ] … 北京→中国政府
- ☐ **crack down on** … ～を厳しく取締まる
- ☐ **listing overseas** … 海外上場

訳出のポイント

● Didi「滴滴出行」「ディディ（チューシン）」は北京に本社を置く中国の配車サービス企業。5億5000万人以上のユーザーと数千万人のドライバーを抱えていると言われています。今日の見出しはその U.S. share「米国における株価」→「米市場での株価」が plunge「急落する」という内容ですね。

対訳

「滴滴株が米市場で急落、中国政府の技術系企業取締りで」

中国政府による自国のテクノロジー企業の海外上場に対する厳しい取締りを受け、火曜日の米株式市場で滴滴出行（ディディ）の株価が25%下落した。

2021年7月8日

crackdown が意味すること

crack down on ～は「～を厳しく取締まる」「～に厳しい処置をとる」という意味です。crackdown はこの表現の on を省略して名詞化したもので、不法行為などに対する「厳重な取締り」あるいは警察の不意の「手入れ」の意味になっています。
tech firm は technology firm (= technology company) の略で「テクノロジー企業」「技術系企業」。すなわち見出しの tech firm crackdown は「技術系企業に対する（厳しい）取締り」ということです。
本文後半では、より具体的に after Beijing cracked down on Chinese tech firms listing overseas「中国政府が中国のテクノロジー企業の海外上場を厳しく取締った後に」→「中国政府による自国のテクノロジー企業の海外上場に対する厳しい取締りを受け」と述べられているわけですね。

Spectators Barred at Olympics as Tokyo Goes Back under State of Emergency

The Tokyo Olympics will be held mostly without spectators after the Japanese government decided to declare the fourth state of emergency for Tokyo due to a spike in coronavirus infections.

Jul12,2021

CHECK!

- ☐ **spectator** [spékteɪtər] **(s)** … 観客
- ☐ **bar** [bɑ́ːr] … ～を除外する
- ☐ **(declare) state of emergency** … 緊急事態宣言（を発出する）
- ☐ **be held** … 開催される
- ☐ **decide to** … ～することを決定する
- ☐ **due to** … ～が原因で、～のために
- ☐ **spike in coronavirus infections** … 新型コロナウイルス感染の拡大

訳出のポイント

● spectatorの語源は「じっと見る」という意味のラテン語spectareで、「じっと見る人」の意。ここから、スポーツの試合、催し物、ショーなどの「観客」「観衆」を指す名詞となっています。ちなみに、映画、演劇、コンサート、講演会などの「観客」「聴衆」についてはaudienceを使います。

●動詞holdはもともと「～を持っている」「握っている」「つかんでいる」の意。ここから、物などを「所有する」「保持する」、会、式などを「催す」「開く」「行う」「開催する」などの意味でも頻出です。今日の場合はbe heldと受動態で「開催される」となっていますね。

対訳

「東京に再び緊急事態宣言、五輪は無観客」

新型コロナウイルス感染拡大のため、日本政府が東京を対象にした4度目の緊急事態宣言発出を決定したのを受けて、東京オリンピックはほぼ無観客での開催となる。

2021年7月12日

「急上昇」を意味するspike

spikeは本来「大くぎ」「犬くぎ」あるいは「忍び返し」など、「先の尖った金属」を表す名詞。「靴底のくぎ」→「スパイク（シューズ）」の意味でも使われますね。
また、折れ線グラフにおける「山型に折れた部分」→「急上昇して急下降する形」のこともspikeと呼ぶことから、物価などの「急騰」「急伸」「急上昇」という意味でも用いられる単語となっています。
そこで、本文末尾の
due to a spike in coronavirus infections
の部分は「新型コロナウイルス感染における急上昇が原因で」→「新型コロナウイルス感染拡大のために」というわけです。

Lightning Strike Kills 11 Taking Selfies in Northern India

A lightning strike killed at least 11 people and injured many more while they were taking selfies in the rain at the top of a watch tower at the 12th Century Amer Fort in Jaipur, northern India on Sunday. Jul13,2021

CHECK!

- ☐ **lightning strike** … 落雷
- ☐ **take a selfie** … 自分で自分を撮る、自撮りする
- ☐ **watch tower** … 見張り塔、物見やぐら
- ☐ **12th Century** … 12世紀（の）
- ☐ **Amer Fort** … 【インド】アンベール城
- ☐ **Jaipur** … 【インド】ジャイプル

訳出のポイント

- lightning は「稲妻」「稲光」「電光」。名詞 strike が「打つこと」「打撃」「攻撃」なので、lightning strike だと「稲妻が打つこと」「稲光による攻撃」→「落雷」。
- watch tower は watch-tower とも記されますが、「見張り塔」「望楼」「物見やぐら」を意味する名詞です。
- fort は「とりで」「要塞」「城砦」。Amer Fort「アンベール城」はパキスタンと国境を接するインド北部ラージェスターン州ジャイプル郊外にある城郭都市 Amer「アンベール」の宮殿。ラージェスターンの丘陵要塞群の1つとして UNESCO World Heritage site「ユネスコ世界遺産地」にも登録されている人気の観光地ということです。

対訳

「インド北部、自撮り中の 11 人が落雷で死亡」

日曜日にインド北部ジャイプルで落雷があり、少なくとも 11 人が死亡しさらに多数が負傷した。これらの人々は雨の中、12 世紀に建てられたアンベール城の見張り塔の上で自撮りをしていたという。

2021 年 7 月 13 日

「自撮り」を英語で何と言うか?

selfie は口語で「自分で自分を撮影すること」「自撮り」あるいは「自分で撮影した自分の写真」「自撮り写真」のことです。
デジタルカメラや携帯電話のカメラ機能で、自分で自分を撮ることができるようになって生まれた slang「俗語」で、意味的には self-portrait photograph「自画像写真」と同じですね。
take a selfie で「自分で自分を撮影する」「自撮りする」という意味になっています。

Virgin Galactic Completes Successful Space Flight with Richard Branson on board

Billionaire and founder of Virgin Group Richard Branson has reached outer space, 90 kilometers above sea level, in a Virgin Galactic spaceplane, marking the beginning of a new era in space tourism. Jul14,2021

CHECK!

- [ ] **complete** [kəmplíːt] … ～を完了する
- [ ] **successful space flight** … 宇宙飛行の成功
- [ ] **on board** … 乗って、搭乗して
- [ ] **billionaire** [bìljənéər] … 億万長者
- [ ] **founder** [fáundər] … 創業者
- [ ] **outer space** … 宇宙空間
- [ ] **_ kilometers above sea level** … 海抜_キロメートル
- [ ] **mark the beginning of a new era** … 新時代の幕開けとなる
- [ ] **space tourism** … 宇宙観光

訳出のポイント

- successful は「成功した」「うまくいった」。successful space flight「成功した宇宙飛行」→「宇宙飛行の成功」。
- complete は「～を完了する」「～を完成する」「～を成就する」。
- これらから今日の見出しは「ヴァージン・ギャラクティックがリチャード・ブランソン氏を乗せて宇宙飛行の成功を達成する」→「ヴァージン・ギャラクティックがリチャード・ブランソン氏を乗せた宇宙飛行に成功する」というわけです。

対訳

「ヴァージン・ギャラクティック、リチャード・ブランソン氏乗せた宇宙飛行に成功」

億万長者でヴァージングループ創業者のリチャード・ブランソン氏が、ヴァージン・ギャラクティックの宇宙船で、海抜90キロメートルの宇宙空間に到達し、宇宙観光における新時代の幕開けとなった。

2021年7月14日

「時代」を意味するera

eraは重要な出来事で特色づけられた1つの「時代」「時期」を意味する名詞。
そこで、the beginning of a new eraは「新時代の始まり」「新時代の幕開け」という意味になっています。
したがって、本文末尾のmarking the beginning of a new era in space tourismの部分は「宇宙観光における新時代の幕開けを示す」「宇宙観光における新時代の幕開けとなる」ということです。

Germany and Belgium Floods: 170 Killed and Hundreds Still Missing

Days of torrential rain caused massive floods in western Europe, killing at least 170 people in Germany and Belgium. With hundreds still missing, the death toll is feared to rise much further.

Jul19,2021

CHECK!

- ☐ **flood** [flʌ́d] … 洪水
- ☐ **hundreds** [hʌ́ndrədz] … 数百人
- ☐ **still missing** … 依然として行方不明で
- ☐ **torrential rain** … 集中豪雨
- ☐ **cause massive floods** … 大規模な洪水を引き起こす
- ☐ **death toll** … 死亡者数
- ☐ **be feared to V** … ～すると懸念される
- ☐ **rise much further** … さらに増加する

訳出のポイント

- 「ベルギー」は英語では Belgium。日本語の「ベルギー」はオランダ語表記の België に由来し、江戸時代にオランダ商人が来航した際に伝わったのをそのまま文字読みしたものだと言われています。
- hundreds は hundred「百」の複数形ですね。hundreds of ～で「数百（も）の～」「多数の～」という意味になっています。今日の場合は hundreds (of people) を略した形で「数百人」という意味で使われています。

対訳

「ドイツ・ベルギー洪水：死者 170 人行方不明数百人」

西ヨーロッパで数日続いた集中豪雨のために大規模な洪水が発生し、ドイツとベルギーでは少なくとも 170 人が死亡した。さらに数百人が依然として行方不明で、死亡者数はさらに増えることが懸念される。

2021 年 7 月 19 日

付帯状況を表す with

本文第 2 文の前半 With hundreds still missing, の部分は、【付帯状況を表す with】が出てきます。
つまり「数百人が依然として行方不明だという状況で」→「数百人が依然として行方不明で」となっています。
ちなみに、このあとに出てくる is feared to V は「～することが懸念される」「～すると心配される」という意味。
したがって、第 2 文は
「数百人が依然として行方不明という状況で、死亡者数はさらに増えることが懸念される」
となるわけですね。

Opening Ceremony Kicks off Tokyo Olympics

The Tokyo Olympic Games finally kicked off on Friday with a four-hour opening ceremony in an almost empty stadium amid a COVID-19 state of emergency in Japan's capital.

Jul26,2021

CHECK!

- ☐ **opening ceremony** … 開会式
- ☐ **kick off** … ～が始まる、開始する
- ☐ **almost empty stadium** … ほぼ空っぽのスタジアム
- ☐ **amid a COVID-19 state of emergency**
  … 新型コロナウイルス（による）緊急事態宣言の最中に
- ☐ **capital** [kǽpətl] … 首都

訳出のポイント

- empty はもともと容器、乗り物などが「空の」「中身のない」という形容詞。ここから、家などが「空いている」「人がいない（住んでいない）」という意味でもよく使われる単語です。例えば an empty train だと「空っぽの電車」「ガラガラの列車」の意味になるわけです。
- 今日の場合は in an almost empty stadium で「ほとんど人のいないスタジアムで」「ほぼ空っぽ（空席）のスタジアムで」ということですね。

☰ 対訳

「東京五輪が幕開け、開会式で」

金曜日、新型コロナウイルスによる緊急事態宣言下の日本の首都・東京のほとんど無観客の競技場で4時間に渡る開会式が行われ、東京オリンピックがついに幕を開けた。

2021年7月26日

「試合を開始する」kick off

kick offはもともとアメリカンフットボールやサッカーで「キックオフする」→ボールを蹴って「試合を開始（再開）する」という句動詞。ここから、試合、イベント、仕事、会議などが「始まる」。あるいは、これらを「始める」「開始する」という意味で広く使われる口語表現。

英字新聞でも、今日の記事のように大規模なイベント、競技大会などが「始まる」→「幕を開ける」「火蓋を切る」といったニュアンスでしばしば使われています。

今日の見出しは「開会式が東京五輪を始める」→「開会式で東京五輪が始まる」「開会式で東京五輪が幕を開ける」。

本文の頭では

The Tokyo Olympic Games finally kicked off with a four-hour opening ceremonyで「4時間の開会式とともに、東京オリンピック（大会）がついに始まった」→「4時間に渡る開会式が行われて、東京オリンピックがついに幕を開けた」となっています。

Tokyo Olympics: Japan Wins Gold in Table Tennis Mixed Doubles

The Japanese pair Jun Mizutani and Mima Ito beat China's Xu Xin and Liu Shiwen 4-3 in the mixed doubles final Monday night, bringing the host nation the first ever Olympic gold in table tennis.
Jul28,2021

CHECK!

- □ **win (a) gold (medal)** … 金メダルを獲得する
- □ **table tennis** … 卓球
- □ **mixed doubles** …（男女）混合ダブルス
- □ **final** [fáɪnl] …【名詞】決勝（戦）
- □ **bring A B** … A に B をもたらす

訳出のポイント

●本文中、beat China's Xu Xin and Liu Shiwen 4-3 in the mixed doubles final の部分の「4-3」ですが、読み方は four to three となります。競技の結果、あるいは途中の得点を表す「__対__」は、英文においては、ほとんどの場合数字とハイフンを用いて _-_ と記されますが、読み方は _ to _。しっかり確認しておきましょう。

● bring は「持っていく」「持ってくる」。今日は bring A B で「A に B を持ってくる」→「A に B をもたらす」という意味になっています。本文末尾の bringing the host nation the first ever Olympic gold in table tennis の部分は「主催国（＝日本）に初めての卓球の五輪金（メダル）をもたらした」→「主催国日本へオリンピックの卓球では初めての金メダルをもたらした」。

対訳

「東京五輪：卓球混合ダブルスで日本が金」

月曜夜に行われた卓球混合ダブルスの決勝で、日本の水谷隼と伊藤美誠のペアが中国の許昕・劉詩雯ペアに4対3で勝利し、主催国日本へオリンピックの卓球では初めての金メダルをもたらした。　2021年7月28日

「金メダルを獲得する」を英語で言うと

win goldは「金を獲得する」、つまりwin a gold medal「金メダルを獲得する」の意です。特に五輪・パラリンピックの期間中は英字新聞でも何度も出てくるであろう表現ですね。

win a silver medal「銀メダルを獲得する」
win a bronze medal「銅メダルを獲得する」
とあわせて確認しておきましょう。

「テニス男子シングルスで」のように、メダル獲得の種目を限定するのにはin men's tennis singlesという具合に前置詞inを用いることにも注意してください。

今日の見出しではJapan Wins Gold in Table Tennis Mixed Doublesで「日本が卓球混合ダブルスで金（メダル）を獲得する」。ちなみに日本語でも卓球のことを「ピンポン」と呼ぶように、ping-pongはtable tennis「卓球」の略式表現として口語ではよく使われる言い方となっています。

Tokyo Reports Record 3,177 New COVID-19 Cases

Olympic host city Tokyo reported a record number of 3,177 new coronavirus cases Wednesday as rising infections put pressure on medical facilities.

Jul30,2021

CHECK!

- ☐ **report** [rɪpɔ́ːrt] … ～を（公式）報告する
- ☐ **record** [rékərd] … 記録的な→過去最多の
- ☐ **host city** … 開催都市
- ☐ **rising infections** … 増加する感染者数
- ☐ **put pressure on** … ～を圧迫する
- ☐ **medical facilities** … 医療機関

訳出のポイント

● record は「記録」ですね。ここから形容詞的に「記録的な」「記録破りの」という意味合いでも頻出です。実際に訳すときには「記録破りの」→「過去最大の」「過去最多の」「過去最速の」などのように文脈に合わせるのが通例となっています。見出しの Record 3,177 New COVID-19 Cases は「過去最多の3177 人の新型コロナ新規感染者」、本文では a record number of 3,177 new coronavirus cases で「過去最多数の 3177 人の新型コロナ新規感染者」。

● rising は「上がる」「上昇する」「増える」「増大する」などという完了の動詞 rise の現在進行形が形容詞化した語で「上昇する」「増加する」の意。そこで rising infections は「増加する感染(数)」ということですね。

対訳

「東京のコロナ感染者、過去最多の 3177 人」

オリンピック開催都市の東京では、水曜日には新型コロナウイルスの新規感染者が過去最多の 3177 人となり、感染者数の増加が医療機関を圧迫する状況となっている。

2021 年 7 月 30 日

動詞として使われる report

report は「報告」「レポート」あるいは「報道」「記事」といった意味の名詞、そして、これらと同意の動詞としても頻出の基本単語ですね。
英字新聞では、会計などに関する数値、統計値などについて「～を公式報告する」という意味の動詞としてもしばしば使われています。
そこで、今日の記事でも東京都が 3177 人の新型コロナ新規感染者数を“公式に報告した”という意味合いで使われているわけです。
対訳では日本文の自然さを重視し、この辺りはあえて訳出していませんが、動詞 report の持つニュアンスはしっかり確認しておきましょう。

August, 2021

3	Study: Foods High in Flavonoids May Lower Risk of Cognitive Decline
4	Sena Irie Wins Japan's First Ever Olympic Gold for Women's Boxing
5	A Belarusian Athlete Leaves for Poland with Humanitarian Visa
6	Disney Reveals Details for Star Wars Hotel
10	Sayonara Tokyo, Bonjour Paris: Tokyo Olympics Close
12	New York Gov. Cuomo Resigns over Sexual Harassment Allegations
17	Taliban Declares Victory, Taking Control of Afghan Capital Kabul
21	Death Toll in Haiti Quake Surpasses 1,400
23	Japanese Action Star Sonny Chiba Dies of COVID-19 at 82
24	Afghan Woman Delivers Baby on U.S. Military Evacuation Plane
30	Apple CEO Tim Cook Gets $750 Million Bonus

2021年8月

3日	研究:フラボノイドを多く含む食物が 認知機能低下リスクを軽減か
4日	入江聖奈、ボクシング日本女子史上初の金
5日	ベラルーシ選手、人道ビザでポーランドへ出国
6日	ディズニー、スターウォーズホテルの詳細を発表
10日	さよなら東京、ボンジュール、パリ:東京五輪が閉幕
12日	NY州クオモ知事が辞任、セクハラ疑惑で
17日	タリバンが勝利宣言、アフガン首都カブールを掌握
21日	ハイチ地震、死者1400人超える
23日	アクションスターの千葉真一さんがコロナ感染で死去、82歳
24日	アフガンから退避の女性、米軍機内で出産
30日	アップルCEOのティム・クック氏に 7億5000万ドルのボーナス

Study: Foods High in Flavonoids May Lower Risk of Cognitive Decline

People who keep a diet that includes a plateful of colorful foods high in flavonoids, like strawberries, oranges, peppers, may have a much lower risk of cognitive decline, a new study found.

Aug3,2021

CHECK!

- □ **study** [stʌ́di] … 研究
- □ **(be) high in** … ～が多い、～を多く含む
- □ **flavonoid** [fléɪvənɔɪd] **(s)** … フラボノイド
- □ **lower** [lóuər] … ～を下げる、低くする
- □ **cognitive decline** … 認知機能低下
- □ **a plateful of** … 皿一杯の～→多量の～
- □ **colorful foods** … 色鮮やかな食物
- □ **pepper** [pépər] **(s)** … ピーマン

訳出のポイント

● flavonoid「フラボノイド」は天然に存在する有機化合物群。植物の葉、茎、幹、果実などに含まれていて、現在まで4000種類以上が発見されています。ですから、日本語で「フラボノイド」と言うとき、多くの場合、英語ではflavonoidsと複数形で表されます。

● (be) high in ～は「～が多い」「～を多く（豊富に）含む」「～が多く含まれている」という意味。したがって、foods (which are) high in flavonoidsで「フラボノイドが多く含まれる食物」ということですね。

対訳

「研究：フラボノイドを多く含む食物が認知機能低下リスクを軽減か」

新しい研究によると、イチゴ、オレンジ、ピーマンなどフラボノイドが豊富な色鮮やかな食物をたくさん含む食事を続ける人は、認知機能の低下リスクが著しく低くなる可能性があるという。

2021年8月3日

「食事」としてのdiet

dietの語源は「生き方」という意味のギリシア語diatia。「医者が示した生き方」→「食事摂取規制」と転義したと考えられ、治療、減量、(ときには刑罰のための)「規定食」「減食」という名詞になっています。
ここから、減量、美容のための、いわゆる「ダイエット」という意味でよく知られるわけですが、栄養面から見た日常の「食事」「食生活」といったニュアンスでもよく使われるので注意しましょう。
そこで、
keep a diet that includes a plateful of colorful foods high in flavonoids
の部分は「フラボノイドが豊富な色鮮やかな食物をたくさん含む食事を続ける」ということですね。

Sena Irie Wins Japan's First Ever Olympic Gold for Women's Boxing

Japan's Sena Irie won the women's featherweight boxing gold medal, defeating world champion Nesthy Petecio of the Philippines at the Tokyo Games on Tuesday. This is the first ever Olympic women's boxing gold for Japan. Aug4,2021

CHECK!

- ☐ **first ever** … 史上初の
- ☐ **women's boxing** …【種目】ボクシング女子
- ☐ **featherweight** [féðərweit] …【ボクシング】フェザー級（の）
- ☐ **defeat** [difí:t] … ～を負かす、～に勝利する
- ☐ **Tokyo Games (= Tokyo Olympics)** … 東京オリンピック（大会）

訳出のポイント

- first ever の ever は first「初めて」を【強調】する副詞。つまり、「今まででで全く初めての」「史上初の」というニュアンスになるわけです。
- featherweight「フェザー級」はボクシング、レスリングなどにおける体重別階級の１つ。ちなみに、feather は「羽」「羽毛」なので、featherweight は直訳すると「羽毛のような体重」ということになりますね。
- 本文第２文は直訳すると「これは日本にとって、史上初の五輪ボクシング女子の金メダルである」。対訳では、「日本ボクシング女子史上初の五輪金メダルである」と簡潔に訳しています。

対訳

「入江聖奈、ボクシング日本女子史上初の金」

火曜日、日本の入江聖奈が世界チャンピオンのネスティー・ペテシオ（フィリピン）に勝利し、東京オリンピックのボクシング女子フェザー級で金メダルを獲得した。日本ボクシング女子史上初の五輪金メダルである。

2021年8月4日

defeatの訳し方

defeat ～は敵、対戦相手などを「破る」「負かす」の意。「～を負かす」→「～に勝利する」と訳す場合も多い単語です。

A Belarusian Athlete Leaves for Poland with Humanitarian Visa

Belarusian sprinter Krystina Timanovskaya, who refused orders to fly home early without performing at the Olympics, left for Warsaw from Tokyo's Narita airport on Wednesday after Poland granted her a humanitarian visa.

Aug5,2021

CHECK!

- ☐ **Belarusian athlete (sprinter)** … ベラルーシ選手（陸上短距離選手）
- ☐ **leave for** … ～へ出発する
- ☐ **refuse orders** … 命令を拒否する
- ☐ **Warsaw** [wɔ́ːrsɔː] … 【ポーランド】ワルシャワ
- ☐ **grant ～ a humanitarian visa** … 人道ビザを発給する

訳出のポイント

- Belarusian は Belarus の形容詞形で「ベラルーシの」なので、Belarusian athlete だと「ベラルーシの選手」。
- refuse orders は「命令を拒絶する」「指令を拒否する」。そして fly home は「飛んで家に帰る」→「空路で帰国する」という意味になります。これらから [,] ではさまれた who refused orders to fly home early without performing at the Olympics の部分は「オリンピック出場を果たさず早く空路帰国するという命令を拒否した（クリスチナ・チマノウスカヤ選手）」→「オリンピックに出場せず早期帰国せよという命令を拒んだ（クリスチナ・チマノウスカヤ選手）」ということですね。

対訳

「ベルラーシ選手、人道ビザでポーランドへ出国」

オリンピックに出場せず早期帰国せよという命令を拒んだベラルーシ陸上短距離のクリスチナ・チマノウスカヤ選手が、ポーランドから人道ビザを発給され、水曜日に東京の成田空港からワルシャワに向けて出国した。

2021年8月5日

grant をどう訳すか

grant はもともと人や神が《願いなど》「をかなえてやる」《要求など》「を聞き入れる」という動詞。ここから、請求・要請などに応えて「～を与える」「～を認める」という意味で使われる単語となっています。
今日の場合は
Poland granted her a humanitarian visa で
「ポーランドが彼女（＝チマノウスカヤ選手）に人道ビザを与えた」→「ポーランドがチマノウスカヤ選手に人道ビザを発給した」というわけです。

Disney Reveals Details for Star Wars Hotel

Disney released more details on Wednesday about its Star Wars-themed hotel that is scheduled to open in 2022. A 3-day/2-night stay in a standard cabin in the star cruiser, including food and drink, and activities such as lightsaber training will cost $4,809 for two guests.

Aug6,2021

CHECK!

- ☐ **reveal (=release) details** … 詳細を発表する
- ☐ **Star Wars-themed** … スターウォーズをテーマにした
- ☐ **be scheduled to open** … オープンする予定である
- ☐ **3-day/2-night stay** … 2泊3日の滞在
- ☐ **standard cabin** … スタンダード・キャビン
- ☐ **cost $_** …【動詞】(費用が) _ドルかかる

訳出のポイント

- detail は「細部」「細目」「項目」を意味する名詞。しばしば details と複数形で「詳細」「詳述」「詳説」という意味合いで使われます。そこで、reveal details あるいは release (more) details で「詳細を明らかにする」「(さらに) 詳しいことを発表する」となっています。
- 3-day/2-night は 3-day, 2-night と記す場合もありますが、「2泊3日の」という意味。a 3-day/2-night stay で「2泊3日の滞在」ということです。

対訳

「ディズニー、スターウォーズホテルの詳細を発表」

ディズニーは水曜日、2022年にオープン予定のスターウォーズをテーマにしたホテルの詳細を発表した。スタークルーザーのスタンダード・キャビンに滞在する費用は、2泊3日2人分が4809ドル（約53万円）で、飲食代やライトセーバー訓練などのアクティビティが含まれるという。

2021年8月6日

動詞としてのcost

日本語でも「コスト」と言うように、costはもともと生産、維持などに必要な「値段」「代価」「費用」「経費」を意味する名詞ですね。
ここから、金額、費用について「〜がかかる」「〜を要する」「〜の値段である」という動詞としても頻出なので確認しておきましょう。
cost $_ で値段・費用が「__ドルかかる」→「値段・費用は__ドルである」という意味になるわけです。
したがって、本文末尾の
will cost $4,809 for two guests の部分は
「宿泊客2人で4809ドルかかる」→「宿泊客2人で費用は4809ドル」となっています。

Sayonara Tokyo, Bonjour Paris: Tokyo Olympics Close

The Tokyo Olympics ended on Sunday with the closing ceremony, after athletes from around the world were able to produce many special moments despite competing in mostly empty stadiums.

Aug10,2021

CHECK!

- [ ] **closing ceremony** … 閉会式
- [ ] **produce special moments** … 特別な瞬間を産み出す
- [ ] **despite** [dɪspáɪt] … ～にもかかわらず
- [ ] **compete** [kəmpíːt] … 競争する、競う
- [ ] **mostly empty** … ほとんど無人の

訳出のポイント

● sayonaraは日本語の「さよなら」、bonjourはフランス語の「こんにちは」ですね。Tokyo Olympics closes「東京オリンピックが閉幕する」ということで、Sayonara Tokyo「さよなら東京」、次回は2024年のパリ大会になるのでBonjour Paris「ボンジュール、パリ」→「こんにちはパリ」と言っているわけです。

●動詞closeは「閉じる」→「閉幕する」「終了する」の意味で頻出ですが、本文で使われているendも「終わる」「終了する」→「閉幕する」「幕を下ろす」という意味でしばしば登場する動詞となっています。

● around the worldは「世界中の（に）」「世界各地の（で）」。athletes from around the worldで「世界中（から）のアスリート」「世界中から集まったアスリート」。

対訳

「さよなら東京、ボンジュール、パリ：東京五輪が閉幕」

ほぼ無観客のスタジアムでの競技となったにもかかわらず、世界中のアスリートによってたくさんの特別な瞬間が生まれた東京オリンピックは日曜日、閉会式とともにその幕を下ろした。

2021年8月10日

moment は数えられる名詞

「瞬間」「時」という意味の名詞 moment は可算名詞（数えられる名詞）扱いなので注意しましょう。したがって
many special moments「たくさんの特別な瞬間」
の部分では、複数形 (moments) で用いられていますね。
produce many special moments で「たくさんの特別な瞬間を生み出す」ということです。
今日の場合は
were able to produce many special moments
なので、「たくさんの特別な瞬間を生み出すことができた」という意味合いになるわけです。そして、本文末尾の
despite competing in mostly empty stadiums は「ほとんど空のスタジアムで競技したにもかかわらず」→「ほぼ無観客のスタジアムでの競技にもかかわらず」ということですね。

New York Gov. Cuomo Resigns over Sexual Harassment Allegations

New York Governor Andrew Cuomo announced his resignation Tuesday over 11 accusations of sexual harassment by current and former state employees.

Aug12,2021

CHECK!

- ☐ **Gov.** [gʌ́v] **(=Governor)** …【米国】州知事
- ☐ **resign** [rɪzáɪn] … 辞任する
- ☐ **sexual harassment allegation(s)** … セクハラ疑惑
- ☐ **announce one's resignation** … 辞任を表明する
- ☐ **accusation** [æ̀kjəzéɪʃən] … 告発
- ☐ **current (former) state employee(s)** … 現職（元）州職員

訳出のポイント

- Governor は米国の「州知事」、日本の「都道府県知事」を意味します。今日の場合は New York (State) Governor で米国の「ニューヨーク州知事」となっていますね。
- allegation は本来はっきりとした証拠のない「主張」「供述」を意味する名詞。ここから、犯罪行為などについて（まだ）立証されていない「疑い」「疑惑」というニュアンスでしばしば使われる単語となっています。そこで、タイトルの sexual harassment allegations は「セクシャル・ハラスメントの疑い」→「セクハラ疑惑」というわけです。
- announce one's resignation は「辞任を発表する」「辞意を表明する」という意味で、英字新聞でも頻出の表現。

対訳

「NY 州クオモ知事が辞任、セクハラ疑惑で」

米ニューヨーク州のアンドリュー・クオモ知事が、現職および元州職員による11件のセクハラ告発をめぐり、火曜日に辞任を表明した。

2021年8月12日

TODAY'S POINT
今日のポイント

「州職員」state employee

employeeは「雇われる人」「雇用者」。
対になるemployer「雇う人」「雇用主」とともに覚えておいてください。
ここでは
state employeeで「州に雇われる人」→「州職員」ということです。
そして、currentが「現在の」
formerが「元～」「前～」という形容詞なので、
current and former state employeesの部分は「現職および元州職員」となっています。

Taliban Declares Victory, Taking Control of Afghan Capital Kabul

The Taliban claimed victory in Afghanistan on Sunday after taking control of the presidential palace in the capital Kabul.

Aug17,2021

CHECK!

- ☐ **Taliban** [tɑ́ːləbɑ̀ːn] … タリバン
- ☐ **declare victory** … 勝利宣言する
- ☐ **take control of** … ～を掌握する、占拠する
- ☐ **Afghan capital Kabul** … アフガニスタンの首都カブール
- ☐ **presidential palace** … 大統領府

訳出のポイント

● Taliban「タリバン」はアフガニスタンのイスラム原理主義団体で、2001年12月に米国主導軍が侵攻するまでは、国の大部分を支配していました。その後は反政府武装勢力として再編成され、米国を後ろ盾とする政権と戦ってきたわけです。そして、2020年9月に米国とタリバンは休戦協定に合意。協定に基づき米軍が撤収を開始して以来、タリバンは急激にアフガニスタン各地の主要都市を制圧してきました。

● Afghanは「アフガニスタン人」「アフガニスタン語」という名詞、および「アフガニスタンの」「アフガニスタン人の」「アフガニスタン語の」という形容詞。ここではAfghan capitalで「アフガニスタンの首都」ですね。

対訳

「タリバンが勝利宣言、アフガン首都カブールを掌握」

日曜日にタリバンが、アフガニスタンの首都カブールで大統領府を占拠し、勝利を宣言した。

2021年8月17日

take control of ～という表現

take control of ～は「～を制御する」「～を掌握する」「～を占拠する」という意味でよく使われる表現。
見出しでは
Taking Control of Afghan Capital Kabul で
「アフガニスタンの首都カブールを掌握する」、
本文では
take control of the presidential palace で
「大統領府を占拠する」となっています。

Death Toll in Haiti Quake Surpasses 1,400

The death toll from a magnitude 7.2 earthquake in Haiti soared to at least 1,419 Monday as search and rescue efforts intensified ahead of an approaching tropical storm.

Aug21,2021

CHECK!

- ☐ **death toll** … 死亡者数
- ☐ **quake** [kwéɪk] **(=earthquake)** … 地震
- ☐ **surpass** [səːrpǽs] … ～を超える
- ☐ **soar to** … ～まで増加する
- ☐ **search and rescue efforts** … 捜索救助活動
- ☐ **intensify** [ɪnténsəfàɪ] … 強くなる、激しくなる
- ☐ **ahead of** … ～を前に
- ☐ **approaching tropical storm** … 接近する熱帯低気圧

訳出のポイント

- death toll は事故、災害などによる「死亡者数」を意味する言い方。英字新聞頻出の重要表現。しっかり再確認を！
- soar はもともと鳥、飛行機、ボールなどが空高く「舞い上がる」「飛翔する」「上昇する」という動詞です。
  ここから、物価、利益、数値などが「急に上がる」「急増する」という意味でもしばしば使われます。
  今日の場合は、地震による死亡者数が「急増する」という文脈で、soared to at least 1,419 で「少なくとも 1419 人まで増えた」という意味合いになっていますね。

対訳

「ハイチ地震、死者 1400 人超える」

月曜日、ハイチで発生したマグニチュード 7.2 の地震による死者は少なくとも 1419 人まで増加した。現地では熱帯低気圧の接近を前に、さらに懸命な捜索救助活動が続いている。

2021 年 8 月 21 日

英字新聞頻出表現
search and rescue efforts

effort は「努力」「骨折り」「奮闘」「頑張り」を意味する名詞。efforts と複数形で懸命な「取り組み」「活動」というニュアンスで使われる場合も多いので注意しましょう。
とくに
search efforts「捜索活動」
rescue efforts「救助活動」、
さらには、これらを組み合わせた
search and rescue efforts「捜索救助活動」という言い方は、英字新聞でも頻出の重要表現となっています。本文後半の as search and rescue efforts …以下は直訳すると「接近する熱帯低気圧を前に、捜索救助活動が強くなると同時に」対訳では、この部分を独立させて「(現地では) 熱帯低気圧の接近を前に、捜索救助活動が強くなっている」→「現地では熱帯低気圧の接近を前に、さらに懸命な捜索救助活動が続いている」としています。

Japanese Action Star Sonny Chiba Dies of COVID-19 at 82

Sonny Chiba, Japanese actor and action star, died from complications of COVID-19. Chiba was internationally best known for his striking role as the swordsmith in 'Kill Bill' by Quentin Tarantino. He was 82. Aug23,2021

CHECK!

- [ ] **action star** … アクション俳優、アクションスター
- [ ] **die of (from)** … 〜で死亡する
- [ ] **complications** [kɑ̀:mpləkéɪʃənz] … 合併症
- [ ] **internationally** [intərnǽʃənlɪ:] … 国際的に
- [ ] **striking role** … 印象的な役
- [ ] **swordsmith** [sɔ́:rdsmìθ] … 刀鍛冶

訳出のポイント

- 日本を代表するアクションスターの千葉真一さん。
海外ではSonny Chibaという名前で知られています。
- die of 〜あるいはdie from 〜は「〜が原因で死ぬ」「〜で死亡する」という意味。そこで、見出しでは
die of COVID-19で「新型コロナウイルス感染で死去する」、本文ではdied from complications of COVID-19で「新型コロナウイルス感染の合併症のため死去した」。
- complicationはもともと「理解（処理）を難しくすること」→「困難」「問題」「複雑な要素」という意味合いの名詞。ここから、医学、病理用語では症状、疾病などの「併発」「合併症」を指す語となっていて、その場合にはcomplicationsと複数形で用いるのが通例です。

対訳

「アクションスターの千葉真一さんがコロナ感染で死去、82 歳」

日本の俳優でアクションスターの千葉真一さんが、新型コロナウイルス感染による合併症で亡くなった。千葉さんは国際的には、クエンティン・タランティーノ監督の『キル・ビル』で演じた印象的な刀鍛冶（かたなかじ）の役で国際的に最もよく知られている。82 歳だった。

2021 年 8 月 23 日

「人の心を打つ」strike

動詞 strike はもともと「打つ」「たたく」「殴る」の意ですが、「人の心を打つ」「人に印象を与える」という意味でも使われます。
ここから、動詞 strike の現在分詞が形容詞化した striking は「人の心を打つような」→「目だつ」「際立つ」「印象的な」という意味になっています。
今日の場合は
his striking role as the swordsmith で
「刀鍛冶としての印象的な役」→「印象的な刀鍛冶の役」というわけです。

Afghan Woman Delivers Baby on U.S. Military Evacuation Plane

A woman gave birth to a baby girl on a U.S. military evacuation plane out of Afghanistan amid continuing chaos.

Aug24,2021

CHECK!

- ☐ **deliver (a) baby (=give birth)** … 出産する
- ☐ **military evacuation plane** … 脱出（国外退避）のための軍用機
- ☐ **flee** [flíː] … ～から脱出する
- ☐ **amid continuing chaos** … 混乱が続く中で

訳出のポイント

- deliver は「配達する」「届ける」という意味でよく知られる動詞ですね。deliver a baby で「赤ちゃんを届ける」→「出産する」という意味になっています。今日の場合は、見出しなので不定冠詞 a が省略されているわけです。
- 本文に出てくる give (a) birth to ～は「～を出産する」という意味の表現になっています。そこで gave birth to a baby girl の部分は「女児を出産した」ということですね。
- 日本語でも「カオス」と言いますが、chaos はもともと「無秩序」「大混乱」「混沌」といった意味の名詞です。そこで、本文末尾 amid 以下は「続く混乱の中で（アフガニスタンから退避する米軍機内で）」→「混乱が続く（アフガニスタンから退避する米軍機内で）」というわけです。

対訳

「アフガンから退避の女性、米軍機内で出産」

混乱が続くアフガニスタンから国外退避する避難者を乗せた米軍機内で、女性が女児を出産した。

2021年8月24日

「退避」を意味するevacuation

evacuationは危険な場所から安全な場所への「退避」「避難」「脱出」を意味する名詞。
military evacuation planeだと「軍の退避（のための）飛行機」→「退避するための軍用機」ということです。
タイトルでは
on U.S. military evacuation planeで
「国外退避のための米軍用機で」「国外退避の軍用機内で」ですね。
そして、本文では
on a U.S. military evacuation plane out of Afghanistan
なので「アフガニスタンから退避する米軍用機内で」となっています。

Apple CEO Tim Cook Gets $750 Million Bonus

After marking his tenth anniversary as Apple's chief executive, Tim Cook has received 5 million shares of the firm's stock, estimated to be worth around $750 million.

Aug30,2021

CHECK!

- [ ] **CEO** [sí:ì:óu] **(chief executive officer)** … 最高経営責任者
- [ ] **get (a) bonus** … ボーナスをもらう、得る
- [ ] **mark one's _th anniversary** … _（周）年を迎える
- [ ] **_ shares of stock** … _株の株式
- [ ] **(be) estimated to** … ～と推定される
- [ ] **worth** [wə́:rθ] … ～に相当する

訳出のポイント

- 日本語でもすっかりおなじみとなっている CEO は chief executive officer「最高経営責任者」の略ですが、英文で記すときには、しばしば chief executive が使われます。どちらも「最高（経営）責任者」の意味になります。
- 日本語でも「ボーナス」は浸透していますね。bonus の語源は「良いもの」というラテン語 bonum。ここから「特別手当」「賞与」という名詞になっているわけです。
- (be) estimated to ～は「～と推定される」という意味。文末の estimated to be worth around $750 million は「約 7 億 5000 万ドルに相当すると推定される」→「約 7 億 5000 万ドル相当だと推定される」というわけです。

対訳

「アップル CEO のティム・クック氏に 7 億 5000 万ドルのボーナス」

アップルのティム・クック氏が最高経営責任者に就任して 10 年を迎え、自社株 500 万株を受け取った。約 7 億 5000 万ドル（約 825 億円）相当だと推定される。

2021 年 8 月 30 日

「○周年を記念する」

mark one's _th anniversary は
「__周年を記念する」「__（周）年を迎える」。
そこで、本文前半の
After marking his tenth anniversary as Apple's chief executive
の部分は
「アップルの最高責任者としての 10 周年を迎えた後で」→
「最高経営責任者に就任して 10 年を迎えて」
となっています。

September, 2021

1 U.S. Completes Withdrawal from Afghanistan

6 Japan Stocks Surge as PM Suga Plans to Quit

9 El Salvador Adopts Bitcoin as Legal Tender

15 Sota Fujii Becomes Youngest Triple Crown Shogi Player

17 Apple unveils iPhone 13 Series

21 Volcano Erupts on Spain's Canary Islands

22 107-year-old Japanese Sisters Certified as World's Oldest Twins

24 Taiwan Applies to Join Trans-Pacific Partnership

27 China Declares All Cryptocurrency Transactions Illegal

28 Copenhagen Named World's Safest City for 2021

29 World's Tallest Observation Wheel to Open in Dubai

2021年9月

1日　米、アフガニスタンからの撤退完了

6日　日本株が急騰、菅首相の辞意受け

9日　エルサルバドル、ビットコインを法定通貨に採用

15日　将棋の藤井聡太棋士、最年少三冠に

17日　アップル、iPhone 13シリーズを発表

21日　スペイン領カナリア諸島で火山噴火

22日　日本の107歳姉妹、世界最高齢の双子に認定

24日　台湾が TPP 加盟申請

27日　中国、暗号通貨取引は全て違法と宣言

28日　2021年版、世界一安全な都市はコペンハーゲン

29日　ドバイ、高さ世界一の観覧車オープンへ

U.S. Completes Withdrawal from Afghanistan

The U.S. military completed its withdrawal from Afghanistan on Tuesday, reaching the end of a 20-year presence in the country and America's longest war.

Sep1,2021

CHECK!

- □ **complete one's withdrawal from** … ～からの撤退を完了する
- □ **reach the end of** … ～の終わりに達する
- □ **presence** [prézns] …【軍】駐留

訳出のポイント

● withdrawal は「引っ込める」→「取り下げる」「撤回する」「撤退する」という動詞 withdraw から派生した名詞で「引っ込めること」→「取り下げ」「撤回」「撤退」などの意味ですね。今日の場合は complete one's withdrawal from ～で「～からの撤退を完了する」という意味になっています。completed its withdrawal from Afghanistan で「アフガニスタンからの撤退を完了した」ということです。

● 名詞 end は「終わり」「最後」なので reach the end of ～で「～の終わりに到達する」→「～が終了（終結）する」という意味になります。

対訳

「米、アフガニスタンからの撤退完了」

アメリカ軍は火曜日、アフガニスタンからの撤退を完了し、20年にわたる同国駐留および米国史上最長の戦争が終結した。

2021年9月1日

軍隊の「駐留」を意味するpresence

presenceはもともと「存在」「出席」「列席」という意味の名詞。
ここから、主に外国の軍隊の「駐留」「駐在」という意味でも使われます。
そこで、
a 20-year presence in the country
の部分は「その国（＝アフガニスタン）での20年間の駐留」→「20年にわたるアフガニスタンへの駐留」ということです。
これらを踏まえると、本文後半のreaching…以下は「20年にわたるアフガニスタン駐留とアメリカにとって最長の戦争が終結し」→「20年にわたる同国駐留および米国史上最長の戦争が終結した」となるわけですね。

Japan Stocks Surge as PM Suga Plans to Quit

Japanese stocks surged Friday, with TOPIX hitting a 30-year high, after Prime Minister Yoshihide Suga's decision to resign triggered hope for his successor.

Sep6,2021

CHECK!

- ☐ **surge** [sə́:rdʒ] … 急騰する
- ☐ **PM (=Prime Minister)** …【日本】総理大臣、首相
- ☐ **quit** [kwít] **(=resign)** … 辞任する
- ☐ **TOPIX** [tá:pɪks] … 東証株価指数
- ☐ **hit a _-year high** … _年ぶりの高値になる
- ☐ **decision** [dɪsíʒən] … 決断、決意
- ☐ **trigger hope for** … ～への期待感を引き起こす
- ☐ **successor** [səksésər] … 後任者

訳出のポイント

- 「辞任する」にあたる英語としては動詞 resign が最も一般的ですね。しかし、やや略式（口語的）な表現として動詞 quit、そして、step down という句動詞も、同じ意味の表現として頻出。あわせて確認しておきましょう。
- TOPIX は Tokyo Stock Price Index の略で「東証株価指数」。“東証” は “東京証券取引所” の略称ですね。この東京証券取引所で 1968 年 1 月 4 日に記録された「時価総額 8 兆 6020 億 5695 万 1154 円」を基準指数 100 として、それ以降の時価総額を指数化したものが TOPIX。

対訳

「日本株が急騰、菅首相の辞意受け」

金曜日の日本株は、菅義偉首相が辞任を決断したことで後任者への期待感が生まれ、急騰し、東証株価指数は30年ぶりの高値をつけた。

2021年9月6日

「〜を引き起こす」trigger

triggerはもともと銃などの「引き金」「トリガー」を意味する名詞です。ここから、「引き金を引く」→「〜を引き起こす」「〜を誘発する」という動詞としてもよく使われる単語となっています。
ここでは、trigger hope for 〜で「〜への希望を引き起こす」「〜への期待感を生む」という意味になっています。
successorは仕事、地位などの「後継者」「後任者」。
したがって、本文後半のafter以下は
「菅義偉首相の辞任するという決意が彼の後任者への期待感を生んだ後に」→「菅義偉首相が辞任を決断したことで、後任者への期待感が生まれて」というわけです。

El Salvador Adopts Bitcoin as Legal Tender

El Salvador officially adopted bitcoin as legal tender on Tuesday, making the Central American country the first one to do so in the world.

Sep9,2021

CHECK!

- ☐ **adopt A as B** … AをBとして採用する
- ☐ **legal tender** … 法定通貨
- ☐ **officially** [əfíʃəli] … 正式に
- ☐ **Central American country** … 中米の国

訳出のポイント

● adopt は「～を採用する」「～を採択する」「～を受け入れる」という動詞。adopt A as B で「AをBとして採用する」

● tender は「柔らかい」「優しい」などの意の形容詞として一般的ですが、今日出ている tender は語源を別にする全く別の単語で「提出」「提供物」→「通貨」「貨幣」という名詞。そして、legal が「法律上の」「法定の」「合法の」という形容詞なので、legal tender で「法定通貨」ということです。そこで、adopt Bitcoin as legal tender だと「ビットコインを法定通貨として採用する」になるわけです。

対訳

「エルサルバドル、ビットコインを法定通貨に採用」

中米のエルサルバドルは火曜日、ビットコインを正式に法定通貨として採用した。ビットコインを法定通貨とするのは世界初である。　2021年9月9日

作為動詞 make

make は「作る」などの意味でおなじみの基本動詞ですね。ただし、今日の場合は「〈人・物・事〉を〜にする」という【作為動詞】として用いられているので、注意しましょう。make A B という形で「A を B にする」という意味になります。本文後半の making…以下では、

A = the Central American country「その中米の国（=エルサルバドル）」

B = the first one to do so in the world「世界でそれを行う（=ビットコインを法定通貨として採用する）最初の国」

なので、「その中米の国（エルサルバドル）を世界でビットコインを法定通貨として採用する最初の国にした」→「(エルサルバドルが) 世界で初めてビットコインを法定通貨とする国となった」ということですね。

対訳では、この部分を独立させて「ビットコインを法定通貨とする国は（エルサルバドルが）世界初である」→「ビットコインを法定通貨とするのは世界初である」としています。

Sota Fujii Becomes Youngest Triple Crown Shogi Player

Sota Fujii became the youngest shogi player to hold three major professional titles in the traditional Japanese board game at the age of 19 years and one month.

Sep15,2021

CHECK!

- ☐ **triple crown** … 三冠（の）
- ☐ **shogi player** …【日本】将棋の棋士
- ☐ **hold _ titles** … __個のタイトルを保持する
- ☐ **traditional Japanese board game** … 伝統的な日本のボードゲーム

訳出のポイント

- board game はチェス、チェッカーなど「盤を使うゲーム」「ボードゲーム」。the traditional Japanese board game の部分は「その伝統的な日本のボードゲーム」で、shogi「将棋」を言い換えている（説明している）わけですね。
- 本文全体をそのまま訳すと「藤井聡太が 19 歳 1 カ月で、日本の伝統的なボードゲームにおける 3 つのメジャータイトルを保持する最年少の将棋棋士となった」。対訳では「日本の伝統的なボードゲームである将棋の藤井聡太棋士が、19 歳 1 カ月で史上最年少のプロ将棋メジャータイトル三冠を達成した」としています。

対訳

「将棋の藤井聡太棋士、最年少三冠に」

日本の伝統的なボードゲームである将棋の藤井聡太棋士が、19歳1ヶ月で史上最年少のプロ将棋メジャータイトル三冠を達成した。

2021年9月15日

「3回勝った」triple

日本語にも「トリプル」として浸透しているように、triple は「3つの」「3倍の」「3重の」という形容詞。スポーツなどでは「3回勝った」という意味でも使われます。そこで triple crown は「3つの（勝利の）冠（を持つ）」→「三冠（の）」ということですね。今日の見出しでは become (the) youngest triple crown shogi player で「三冠を持つ最年少の将棋の棋士となる」→「将棋で最年少三冠（棋士）になる」となっています。

Apple unveils iPhone 13 Series

Apple unveiled on Tuesday its new iPhone 13 series, which can shoot videos in "portrait mode" with a depth of field effect.

Sep17,2021

CHECK!

- □ **unveil** [ʌ̀nvéɪl] … ～を発表する
- □ **shoot videos** … 動画を撮影する
- □ **portrait mode** … ポートレートモード
- □ **depth of field** …【写真】被写界深度
- □ **effect** [əfékt] … 効果

訳出のポイント

- unveil の原意は「veil（ベール）（覆いもの）をはずす」。ここから、秘密になっていたものなどを「明らかにする」「公にする」という動詞となっています。英字新聞では、新製品などを（初めて）「発表する」「披露する」という意味合いでも頻出の単語ですね。
- portrait「ポートレート」はすでに外来語として浸透していますね。絵画や写真などの「肖像画」「肖像写真」のことです。portrait mode「ポートレートモード」は iPhone 7 Plus 以降のいくつかのモデルに搭載されている撮影モードで、背景をぼかして被写体（主に人物・動物など）が際立つ写真を撮ることができる機能ですね。
- depth は「深いこと」「深さ」「奥行き」で field は「領域」なので、depth of field は写真用語で「被写界深度」。
簡単にいうと、被写体にピントを合わせたとき、【その前後のピントが合っているように見える範囲】のことです。

対訳

「アップル、iPhone13シリーズを発表」

アップルは火曜日、新しいiPhone 13シリーズを発表した。同シリーズでは、被写界深度の効果を用いた『ポートレートモード』での動画撮影が可能だという。

2021年9月17日

「撮影する」shoot

shootはもともと弾丸、矢などを「撃つ」「射る」「発射する」という動詞ですが、動画・映画などを「撮影する」「写真を撮る」という意味でもしばしば使われます。
そこで、shoot a videoは「動画を撮影する」という意味ですね。
今日の場合はshoot videosと複数形になっていますが、日本語訳としては「(複数の) 動画を撮影する」となります。

Volcano Erupts on Spain's Canary Islands

A volcano erupted on La Palma, one of Spain's Canary Islands, on Sunday. With lava shooting high into the air and streaming in rivers towards villages, about 5,000 residents were forced to evacuate.

Sep21,2021

CHECK!

- [ ] **volcano** [vɑːlkéɪnoʊ] … 火山
- [ ] **erupt** [ɪrʌ́pt] … 噴火する
- [ ] **Canary Islands** … （スペイン領）カナリア諸島
- [ ] **La Palma** … ラ・パルマ（島）
- [ ] **lava** [lɑ́ːvə] … 溶岩
- [ ] **shoot high into the air** … 空中に高く噴出する
- [ ] **stream in rivers** … 川のように流れる
- [ ] **resident** [rézədənts] **(s)** … 住民
- [ ] **be forced to evacuate** … 避難を余儀なくされる

訳出のポイント

●本文第1文の one of Spain's Canary Islands の部分は直前の La Palma を言い換えた（=説明する）文節となっています。つまり「スペイン領カナリア諸島の（うちの）1つ（の島）（であるラ・パルマ）」。対訳では簡潔に「スペイン領カナリア諸島のラ・パルマ島」としています。

●第2文は、前置詞 with で始まっていますが、この with は《状況的理由》を表すもので、「〜という状況が存在するので、…」という意味合いになります。

対訳

「スペイン領カナリア諸島で火山噴火」

日曜日、スペイン領カナリア諸島のラ・パルマ島で火山が噴火した。溶岩が空中に噴出し、複数の村に向かって川のように流れ、住民約5,000人が避難を余儀なくされた。

2021年9月21日

force（人）to V

動詞forceは「強要する」「強いる」の意。
【force（人）to V】の形で、「(人）にVすることを強要する」→「(人）がVすることを余儀なくさせる」という意味になります。
今日の場合は、受動態でbe forced to evacuateなので「避難することを余儀なくされる」→「避難を余儀なくされる」というわけです。

107-year-old Japanese Sisters Certified as World's Oldest Twins

Two Japanese sisters have been certified by Guinness World Records as the oldest living identical twins at 107 years and 300 days old as of September 1, 2021.

Sep22,2021

CHECK!

- ☐ **be certified as** … ～と認定される
- ☐ **(identical) twins** [twínz] …（一卵性）双生児
- ☐ **Guinness World Records** … ギネスワールドレコーズ
- ☐ **living** [líviŋ] … 生きている、存命の
- ☐ **as of** … ～現在で、～の時点で

訳出のポイント

- certify の原意は「確かにする」。正式に「証明する」「保証する」「認定する」といった意味の動詞となっています。certify A as B で「A を B として認定する」という意味です。今日の場合は、受動態の be certified as ～「～として認定される」という形になっています。
- 本文では be certified by … as ～で「…によって～として認定される」→「～として認定される、…に認定される」となっています。
- as of ～は「～現在で（の）」「～の時点で」という意味。本文末尾の as of September 1, 2021 は「2021 年 9 月 1 日の時点で」ということですね。

対訳

「日本の 107 歳姉妹、世界最高齢の双子に認定」

2021 年 9 月 1 日の時点で年齢が 107 歳と 300 日の日本の姉妹が、世界最高齢の存命の一卵性双生児としてギネスワールドレコーズに認定された。

2021 年 9 月 22 日

「双子」を英語で言うと

twin というと「双子」「双生児」ですが、実は単数形なので、厳密には「双子の片方」を意味するので、注意してください。したがって、双子の両方を指す場合は twins と複数形で用いるわけです。
あるいは twin sisters「双子の姉妹」twin brothers「双子の兄弟」のように表します。
identical は「同一の」「まったく同じ」あるいは「等しい」「一致する」という形容詞。identical twins で「一卵性の双子」「一卵性双生児」になります。
ちなみに、「二卵性の双子」は non-identical twins あるいは fraternal twins と言うのが一般的です。

Taiwan Applies to Join Trans-Pacific Partnership

Taiwan formally applied to join the Comprehensive and Progressive Agreement for Trans-Pacific Partnership (CPTPP) on Wednesday, just days after China also filed an application.

Sep24,2021

CHECK!

- ☐ **apply** [əplái] … 申請する
- ☐ **join** [dʒɔ́ɪn] … ～に加わる、参加する
- ☐ **Trans-Pacific Partnership (TPP)**
  = Comprehensive and Progressive Agreement for Trans-Pacific Partnership (CPTPP)… 環太平洋経済連携協定
- ☐ **formally** [fɔ:rməli] … 正式に
- ☐ **file an application** … 申請を行う

訳出のポイント

●動詞 apply は「適用する」「応用する」という意味でも頻出ですが、今日の場合は「申し込む」「申請する」。join が「～に加わる」→「～に参加する」「～に加入（加盟）する」という動詞なので、apply to join ～で「～に加わるために申請する」→「～への参加（加盟）を申請する」。

●末尾の just days after China also filed an application の部分は直訳すると「中国も申請を行ったほんの数日後（である水曜日に）」。対訳では、この部分を独立させて「数日前には中国が同じく申請を行ったばかりである」としています。

対訳

「台湾が TPP 加盟申請」

台湾は水曜日、環太平洋経済連携協定（TPP）への参加を正式に申請した。数日前には中国が同じく申請を行ったばかりである。　2021 年 9 月 24 日

TPP の訳し方

日本のメディアは「TPP」=「環太平洋経済連携協定」と呼んでいますが、外務省によると Trans-Pacific Partnership (TPP) は「環太平洋パートナーシップ」。その内容を「経済連携協定」と説明しています。
もともとは日、米、豪、カナダ、シンガポールなど合計 12 カ国間で交渉が進められて来ましたが、2017 年 1 月に米国が離脱を表明した後、Comprehensive and Progressive Agreement for Trans-Pacific Partnership (CPTPP)「環太平洋パートナーシップに関する包括的及び先進的な協定」として、2018 年 2 月に残りの 11 カ国間が署名、2021 年 9 月までに全加盟国が国内手続きを完了し、発効となっています。このCPTPP は別名 TPP11「TPP11 協定」とも呼ばれることから、日本のメディアでは「TPP」=「環太平洋経済連携協定」と報じるのが通例となっているようです。
したがって、今日の記事でも英文では
Comprehensive and Progressive Agreement for Trans-Pacific Partnership (CPTPP) のところを、日本語訳としては「環太平洋経済連携協定（TPP)」を採用しています。

China Declares All Crypto-currency Transactions Illegal

China's central bank declared on Friday all transactions involving Bitcoin and other virtual currencies illegal.

Sep27,2021

CHECK!

- ☐ **declare ～ illegal** … ～を違法と宣言する
- ☐ **cryptocurrency** [kríptoukʌ̀rənsi] … 暗号通貨
- ☐ **transaction** [trænsǽkʃən] **(s)** … 取引
- ☐ **central bank** … 中央銀行
- ☐ **involve** [invɑ́ːlv] … ～に関連する
- ☐ **virtual currencies** … 仮想通貨

訳出のポイント

● declare は「～を宣言する」「～だと断言（言明）する」という動詞。declare ～ illegal で「～を違法と宣言する」「～は違法であると宣言する」ということです。

● central bank は「中央銀行」。China's central bank「中国の中央銀行」は具体的には The People's Bank of China「中国人民銀行」のことですね。

● involve は「～に関係する」「～に関与する」「～に関連する」という動詞。そこで、

all transactions involving Bitcoin and other virtual currencies の部分は「ビットコインおよびその他の仮想通貨に関連している全ての取引」→「ビットコインやその他の仮想通貨に関連する全ての取引」となるわけです。

対訳

「中国、暗号通貨取引は全て違法と宣言」

中国の中央銀行は金曜日、ビットコインやその他の仮想通貨に関連する全ての取引は違法であると宣言した。

2021年9月27日

「取引」と訳す transaction

transaction はもともと業務などの「処理」「処置」を意味する名詞。
ここから、「取引」「決済」「売買」といった意味で広く使われる単語となっています。
今日の見出しでは cryptocurrency transactions で「暗号通貨取引」となっています。

Copenhagen Named World's Safest City for 2021

Denmark's Copenhagen has been named the world's safest city for the first time, according to the Safe Cities Index 2021. Tokyo, which had stayed on the top of the list for the last three times, dropped down to fifth place.

Sep28,2021

CHECK!

- ☐ **be named** … ～に選ばれる
- ☐ **stay on the top** … トップの座を維持する
- ☐ **for the last _ times** … 過去__回にわたって
- ☐ **drop down to _th place** … __位に落ちる

訳出のポイント

- stay on the top of ～は「～のトップにい続ける」「～のトップの座を維持する」という意味。そこで、本文第2文の文頭、Tokyo, which had stayed on the top of the list for the last three timesの部分は「過去3回にわたってリスト（＝ランキング）のトップにい続けた東京」→「過去3回にわたってランキングトップの座を維持していた東京」。
- list は ranking list「ランキングリスト」「ランキング表」の意味、つまり日本語の「ランキング」「ランク」に当たる英語表現としてよく使われます。
- drop down は「下へ落ちる」という句動詞。drop down to _th place で「__位に落ちる」「__位にダウンする」「__位に後退する」という表現になっています。

対訳

「2021年版、世界一安全な都市はコペンハーゲン」

2021年のSafe Cities Index（セイフ・シティズ・インデックス）によると、デンマークのコペンハーゲンが初めて世界で一番安全な都市に選ばれた。過去3回にわたってランキングトップの座を維持していた東京は5位に後退した。

2021年9月28日

動詞としてのname

「名前」「姓名」を意味する名詞としておなじみの基本単語name。英字新聞では動詞としてもしばしば使われるので、押さえておきましょう。
動詞nameは本来「～に名前をつける」「～を命名する」の意です。ここから、「～の名前をあげる」→「～を指名する」→「～を選ぶ」という意味でも使われるわけです。
この場合、受動態で用いられる場合も多く、be named ～で「～に選ばれる」となっています。
今日の記事でもhas been named the world's safest cityで「世界で一番安全な都市に選ばれた」ということですね。

World's Tallest Observation Wheel to Open in Dubai

Named 'Ain Dubai', meaning 'Dubai Eye' in Arabic, the tallest and largest observation wheel in the world is scheduled to open in Dubai on October 21st. It stands at a height of 820ft (250m).

Sep29,2021

CHECK!

- ☐ **observation wheel** … 観覧車
- ☐ **(be) named** … ～という名前の
- ☐ **mean** [míːn] … ～を意味する
- ☐ **Arabic** [érəbɪk] … アラビア語
- ☐ **be scheduled to open** … オープンする予定である
- ☐ **at a height of** … 高さ～で

訳出のポイント

- observation は「観察」「観測」「注視」などの意味の名詞で、wheel は乗り物の「車輪」「輪」、その他、車輪に似た形のものを指します。observation wheel は「観覧車」の意味。
- 現在遊園地などでもおなじみの機械式の観覧車を発明した米国人の George Washington Gale Ferris, Jr. の苗字を取った Ferris wheel も「観覧車」を意味する言い方として一般的。
- the tallest and largest observation wheel in the world の部分は「世界で最も高く、最も大きい観覧車」。対訳では、「高さ、大きさともに世界一の観覧車」としています。
- at a height of ～は「～の高さで」「～の高度で」という意味。本文第2文は、「それ（＝『アイン・ドバイ』）は820フィートの高さで建っている」→「高さは820フィートである」。

対訳

「ドバイ、高さ世界一の観覧車オープンへ」

アラビア語で『ドバイの目』を意味する『アイン・ドバイ』という名前の、高さ・大きさともに世界一の観覧車が、10月21日にドバイにオープンする。高さは820フィート（250メートル）あるという。

2021年9月29日

「〜を意味する」mean

meanは「〜を意味する」という動詞。
[,] にはさまれたmeaning 'Dubai Eye' in Arabicは、直前の "Ain Dubai"「アイン・ドバイ」を説明する文節となっています。
つまり、「アラビア語で『ドバイの目』を意味する『アイン・ドバイ』」ということですね。

Column 3 英語でのコミュニケーションができてよかったと思う瞬間

最初のコラムでも述べましたが、人生これまで生きてきて、つくづく英語が使えてよかったなと改めて感じることがあります。

まず、英語を使えると、ビジネスのフィールドが一気に広がることです。私は小さな会社を20年以上、経営しています。オフィスは現在、東京都中央区にあります。マーケティングコンサル事業、オンラインスクール事業、翻訳事業がメインです。

今から15年ほど前ですが、Googleが検索エンジンシェアの世界一になり、日本国内でも検索エンジンを攻略して自社のサイトを上位に出したいという会社が増えてきました。

検索エンジンで自社のサイトを上位に出すことをSEO（Search Engine Optimization）と言います。2000年代半ばの当時、日本国内ではSEOの技術は確立しておらず、皆さん手探りで、アメリカ生まれのGoogle攻略に四苦八苦していました。

英語を比較的自由に読める私は、アメリカを中心とする複数のSEOフォーラムに参加していました。公用語はもちろん英語です。そこで最新のSEOを吸収し、それを自社で検証しました。

これにより、あらゆるキーワードで自社が関与するサイトの上位表示に成功し、この手法を有料で多くの人に提供することで、自社のマーケティングコンサル事業は一瞬で立ち上がり大成功をおさめました。

東京のホテルニューオータニの大宴会場に1000人以上のクライアントを集めたこともあります。

これも全て、英語が使えるというこの一点のみに起因します。外国の人々とコミュニケーションができるというのは英語を身につける目的ではありません。それは大きなリターンのわずか1つの成果です。

英語を身につけることの本当の意味は、人生のチャンスを想像を超えて広げることです。わかりやすい言葉で言えば宝くじの当選確率を数千倍、いや数万倍？　にまで高めてくれるわけです。もっと言えば、生涯を通じて当たり続ける宝くじを手にするようなものです。

日本で生活している限り、英語は絶対に必要なものとは感じられないでしょう。今では通訳・翻訳アプリもあります。

しかし、単なるコミュニケーションツールではなく、人生に変革をもたらす、大きなチャンスを引き当てるための手段と考えてみてはいかがでしょうか？　そう考えると、英語学習の必要性が大きなテーマとして浮上してくることでしょう。

もっと身近な例ですと、家族で正月にグアムへ旅行に行ったとき、帰国の機材（飛行機）がユナイテッド航空のミスで用意できないという事件がありました。明後日には用意できるだろう、と。

私は帰国予定日の翌日、つまり明日から伊豆で温泉宿を予約していました。今日帰国しなくてはいけないのです。そこで係員をつかまえ、他の空路でも良いから日本のどこかへ行けないか、交渉しました。

すると中部国際空港（セントレア）に行く便に余裕があるとのこと。離陸まであと１時間。まさに映画「ホーム・アローン」ではないですが、私の家族および親戚、総勢 11 名のチケットの切り替え作業というドタバタ劇を演じました。

係員は、アメリカ人です。セキュリティーゲートの前後は家族・親戚全員、走りまくりました。そしてセントレアから羽田までも無事、飛行機を乗り継ぐことができました。

これも英会話ができて良かった、と思った瞬間でした。

October,2021

1 Fumio Kishida to Become Japan's next PM after Winning LDP Leadership Vote

5 Pandora Papers: Secret Wealth of World Leaders Exposed

6 New Zealand to Abandon Zero-COVID Strategy

7 Blue Origin to Send "Captain Kirk" into Space

12 Scientists Simulate 'Life on Mars' in Israeli Desert

14 Paul McCartney Says John Lennon 'Instigated' Beatles' Break-up

19 Report: China Tested Hypersonic Missile

22 Trump to Launch New Social Media

27 Japan Lifts Restaurant Restrictions

28 Japan's Princess Mako Marries

29 U.S. Issues First Gender X Passport

2021年10月

1日	自民総裁選で岸田氏が勝利、次期首相へ
5日	パンドラ文書:世界の首脳らの秘匿財産が明らかに
6日	NZ、コロナゼロ戦略断念へ
7日	ブルーオリジン、『カーク船長』を宇宙へ
12日	科学者ら、イスラエルの砂漠で『火星での生活』をシミュレーション
14日	ポール・マッカートニー:ビートルズ解散 "発端"はジョン・レノン
19日	報道:中国が極超音速ミサイル実験
22日	トランプ氏、新たなSNS立ち上げへ
27日	日本、飲食店への規制を解除
28日	日本の眞子内親王がご結婚
29日	米、性別『X』のパスポートを初めて発給

Fumio Kishida to Become Japan's next PM after Winning LDP Leadership Vote

Fumio Kishida won the presidential election of Japan's ruling Liberal Democratic Party on Wednesday, putting him on course to become the next prime minister. Oct1,2021

CHECK!

- ☐ **PM (prime minister)** …【日本】総理大臣、首相
- ☐ **LDP (Liberal Democratic Party)** …【日本】自民党（自由民主党）
- ☐ **leadership vote** … 指導者を決める投票→総裁選
- ☐ **presidential election** … 総裁選挙
- ☐ **ruling** [rúːlɪŋ] … 支配している
- ☐ **put ～ on course to V** … ～を…する軌道に乗せる

訳出のポイント

● leadership は「指導者の地位」。vote =「投票」なので、leadership vote は「指導者の地位をめぐる投票」→「指導者を決める投票」。今日の見出しでは LDP leadership vote で「LDP（自民党）の指導者を決める投票」→「自民党総裁選」というわけですね。

● course は進むべき「方向」、とるべき「道（筋）」「進路」「針路」「軌道」などを意味する名詞。そこで put ～ on course to V は「～を…する道筋（軌道）に乗せる」。ここから、本文末尾の［,］以下は「（総裁選での勝利は）彼（＝岸田氏）を次の総理大臣になる軌道に乗せた」→「（岸田氏が総裁選で勝利し）、次期総理となる道筋が決まった」となっています。

対訳

「自民総裁選で岸田氏が勝利、次期首相へ」

水曜日、日本の与党・自由民主党の総裁選挙で岸田文雄氏が勝利し、次期総理大臣への道筋が決まった。

2021年10月1日

与党は ruling party

ruling は「支配している」「優勢な」という形容詞で、英字新聞では、政治用語の ruling party「支配している（優勢な）政党」→「与党」という意味で頻出です。
同様に、ruling の後ろに具体的な与党の政党名を挙げて「支配している〜」→「与党である〜」のように表現することも多いので、あわせて覚えておきましょう。
今日の場合も Japan's ruling Liberal Democratic Party で「日本の与党である自由民主党」ということですね。

Pandora Papers: Secret Wealth of World Leaders Exposed

The secret wealth and dealings of more than 330 people including 35 world leaders and politicians, has been exposed in financial documents leaked from offshore companies, dubbed the "Pandora Papers."

Oct5,2021

CHECK!

- ☐ **Pandora Papers** … 『パンドラ文書』
- ☐ **secret wealth** … 秘密の財産、秘匿財産
- ☐ **world leaders** … 世界の指導者、首脳
- ☐ **expose** [ɪkspóuz] … ～を暴露する、明らかにする
- ☐ **dealing** [dí:lɪŋ] … 取引
- ☐ **politicians** [pɑ̀:lətíʃənz] … 政治家
- ☐ **financial document** … 金融書類、金融文書
- ☐ **leak from** … ～から漏れる、リークする
- ☐ **offshore company** … 租税優遇地に設立された会社
- ☐ **dubbed** [dʌbd] … ～と呼ばれる

訳出のポイント

- world leader は直訳すると「世界の指導者」。各国の「首脳」を指して使われることも多い表現です。
- expose は特に、犯罪や欠点などを「～を暴露する」「～をあばく」「～をすっぱ抜く」という動詞。今日の場合は has been exposed と受動態で「(秘匿財産や取引が) 暴露された」→「(秘匿財産や取引が) 明らかにされた」となっています。

対訳

「パンドラ文書：世界の首脳らの秘匿財産が明らかに」

『パンドラ文書』と呼ばれる租税回避地に設立された会社からリークした金融文書の中で世界の首脳や政治家35人を含む330人以上の秘匿財産や取引が明らかになったという。

2021年10月5日

金融用語 offshore

金融用語のoffshore「オフショア」は非常住者に対する「租税環境の優遇国あるいは優遇地」を意味します。
offshore companyはこの“租税優遇国・優遇地”に設立された会社のことですね。「オフショア会社」と呼ばれますが、今日の対訳では、一般読者にもわかりやすいように「租税優遇地に設立された会社」と訳しています。
ちなみに、租税優遇地の代表的なものとしては、香港、シンガポール、マカオ、イギリス領ケイマン諸島、ルクセンブルク、モナコなどが挙げられます。

New Zealand to Abandon Zero-COVID Strategy

New Zealand will phase out its zero-COVID strategy and move toward living with the virus, Prime Minister Jacinda Ardern said Monday.

Oct6,2021

CHECK!

- ☐ **abandon** [əbǽndən] … ～をあきらめる、断念する
- ☐ **zero-COVID strategy** … コロナゼロ戦略
- ☐ **phase out** … ～を段階的に停止（廃止、中止）する
- ☐ **move toward** … ～に移行する
- ☐ **Prime Minister** … 首相

訳出のポイント

- abandon は職業、希望、計画などを途中で「あきらめる」「断念する」「中止する」という動詞。abandon zero-COVID strategy で「コロナゼロ戦略を断念する」ということですね。
- move toward ～は「～の方へ動く」「～に向かって進む」「～に移行する」という意味。
- living with the virus は「そのウイルス（＝新型コロナウイルス）とともに生きること」、すなわち「ウイルスとともに暮らすこと」→「ウイルスとの共存」という意味になっています。

対訳

「NZ、コロナゼロ戦略断念へ」

ニュージーランドのジャシンダ・アーダーン首相は月曜日、コロナゼロ戦略を段階的に中止し、ウイルスとの共存へと移行することを明らかにした。

2021年10月6日

phase out と phase in

phaseはもともと変化、発達、進行などの「段階」「時期」「局面」を意味する名詞。ここから、「～を段階的に実行（導入・調整）する」という動詞としても用いられます。
phase out ～は「～を段階的に停止（廃止、除去）する」「～を徐々に削減していく」という成句となっています。
対となるphase in ～「～を段階的に採用（導入）する」とあわせて確認しておきましょう。
今日の場合はphase out its zero-COVID strategyで「コロナゼロ戦略を段階的に中止する」ということですね。

Blue Origin to Send "Captain Kirk" into Space

William Shatner, the 90-year-old actor who played Captain Kirk in the original Star Trek series, will fly to space aboard a Blue Origins rocket next week.

Oct7,2021

CHECK!

- ☐ **Captain Kirk** …【米 TV】カーク船長
- ☐ **play** [pléɪ] …【動詞】～の役を演じる
- ☐ **original** [ərídʒənl] … 最初の、初代の
- ☐ **aboard** [əbɔ́:rd] … ～に乗って

訳出のポイント

- captain の語源は「長」「チーフ」を意味するラテン語 capitaneus。ここから集団などの「長」「指導者」を意味する名詞となっています。船舶・航空用語では「船長」「艦長」、あるいは「機長」の意味になり、呼びかける場合にも使われます。
- Captain Kirk で「カーク船長」ということですね。
- send は「送る」「発送する」などの意味でおなじみの動詞。【send（人）into ～】だと「(人）を～（の中）に送る」→「(人）を～に送り届ける」「(人）を～に行かせる」という意味になります。そこで、今日の見出しは「ブルーオリジンが『カーク船長』を宇宙へ行かせる」→「『カーク船長』がブルーオリジンに乗って宇宙へ行く」というわけです。

対訳

「ブルーオリジン、『カーク船長』を宇宙へ」

初代の『スター・トレック』シリーズでカーク船長を演じた90歳の俳優ウィリアム・シャトナーさんが来週、ブルーオリジンのロケットに搭乗し宇宙に飛び立つという。

2021年10月7日

「～の役を演じる」と訳す play

play は「遊ぶ」、楽器などを「演奏する」、スポーツなどを「する」「競技する」といった意味でよく使われる基本動詞。今日の場合は「芝居をする」「～の役を演じる」という意味で出ています。

そこで、[,] ではさまれた the 90-year-old actor who played Captain Kirk in the original Star Trek series の部分は「初代の『スター・トレック』シリーズでカーク船長を演じた90歳の俳優」ということですね。

Scientists Simulate 'Life on Mars' in Israeli Desert

A team of six scientists have begun an experiment in the desert of southern Israel to simulate what it would be like to live for about a month on the red planet.

Oct12,2021

CHECK!

- ☐ **simulate** [símjəlèɪt] … ～の模擬実験をする、シミュレーションをする
- ☐ **Mars** [mɑ́:rs] **(=the red planet)** … 火星
- ☐ **Israel** [ízriəl] **(Israeli)** … イスラエル（イスラエルの）
- ☐ **desert** [dézərt] … 砂漠
- ☐ **experiment** [ɪkspérəmənt] … 実験

訳出のポイント

- simulate はもともと「～のふりをする」「～を装う」「～をまねる」という動詞。ここから、「～の模擬実験をする」「～をシミュレーションする」という意味でもよく使われる単語となっています。
- desert は「砂漠」。「デザート」「スイーツ」を意味する dessert と間違えやすいので注意してください。
- what it would be like to ～は「～するのはどんな感じなのか」「～したらどうなるのか」という意味です。本文の
  to simulate what it would be like to live for about a month on the red planet
  の部分は「火星で約1カ月間生活するのはどんな感じなのかをシミュレーションする」となっています。

対訳

「科学者ら、イスラエルの砂漠で『火星での生活』をシミュレーション」

6人の科学者のチームが、火星で約1カ月生活したらどんな感じになるのかをシミュレーションする実験を、イスラエル南部の砂漠で開始した。

2021年10月12日

lifeの意味

lifeは「生命」「命」「生きていること」、あるいは「生物」「生き物」などの意味でおなじみの基本名詞ですね。
そして、「生き方」「生活」「暮らし」といった意味合いでもしばしば使われるので、再確認しておきましょう。
今日の見出しでは、life on Marsで「火星での生活」「火星での暮らし」というわけです。

Paul McCartney Says John Lennon 'Instigated' Beatles' Break-up

Paul McCartney has shouldered the blame for breaking up the Beatles for almost 50 years. But he said the late John Lennon "instigated" the split of the biggest band in British musical history in a new BBC interview. Oct14,2021

CHECK!

- ☐ **instigate** [ínstəgèɪt] … ～を促す、～を引き起こす
- ☐ **break-up (=split)** … 解散、分裂
- ☐ **shoulder the blame for** … 責任（非難）を負う、引き受ける
- ☐ **break up** … ～を解散させる
- ☐ **late** [léɪt] … 故～

訳出のポイント

● instigate はなかなか日本語にはしづらい英単語のひとつ。ざっくり言うと、活動などを「開始する」、人を悪い方向へ「扇動する」「そそのかす」という動詞です。今日の記事ではビートルズの解散を「扇動する」→「解散の方向へ持っていく」→「解散の発端をつくる」「解散の発端となる」といった意味。

● shoulder は「肩」という名詞ですが、動詞だと「～を肩に負う」「～をかつぐ」の意味になります。特に責任、負担などを「引き受ける」という意味合いでしばしば使われます。ここでは shoulder the blame for ～で「～に対する責任を（全部）引き受ける」「～の責めを負う」という意味になっています。has shouldered the blame for breaking up the Beatles は「ビートルズを解散させた責任を引き受けてきた」。

対訳

「ポール・マッカートニー：ビートルズ解散“発端”はジョン・レノン」

英国の音楽史上最も偉大なバンドであるビートルズの解散から50年近く、ポール・マッカートニーがその責めを負ってきた。しかし、BBCの最新インタビューでマッカートニーは、解散の“発端を作った”のは故ジョン・レノンだったと語った。

2021年10月14日

TODAY'S POINT
今日のポイント

「解散する」「別れる」と訳す break up

break upは物を「バラバラに（粉々に）する」「～を解体する」、関係、友情などを「終わらせる」、群衆、会、団体などを「解散させる」といった意味で使われる成句です。
カップルが「別れる」という場合にもこのbreak upが用いられます。
今日の場合は、バンドを「解散する」「解散させる」という意味になっています。break-upはこの成句から派生した名詞で「解散」ということです。
本文では「別れること」「別離」「分離」「分裂」「解散」という意味の名詞splitで言い換えられています。

Report: China Tested Hypersonic Missile

China test-fired a nuclear-capable hypersonic missile in August, British media reported.

Oct19,2021

CHECK!

- □ **report** [rɪpɔ́ːrt] … 報道（する）
- □ **test** [tést] … ～を試験する→～の実験を行う
- □ **test-fire** … 発射実験を行う
- □ **hypersonic missile** … 極超音速ミサイル
- □ **nuclear-capable** … 核弾頭の搭載が可能な

訳出のポイント

- hyper はもともと「非常に興奮した」「とても活動的な」という形容詞 hyperactive の略。ここから hyper- は「超～」「過度の～」という接頭辞になっています。「上位の」「超～」という意味の接頭辞 super- に近い意味ではありますが、hyper- の方がより程度が高い場合に用いられる傾向があります。supersonic は「超音速（の）」で、hypersonic は「極超音速（の）」というわけです。a hypersonic missile で「極超音速ミサイル」ということですね。
- nuclear-capable は「核の能力がある」→「核保有の能力がある」。a nuclear-capable nation「核保有能力がある国」→「核保有国」のように使われます。今日の場合は a nuclear-capable missile で「核（兵器）の搭載が可能なミサイル」→「核弾頭の搭載が可能なミサイル」という意味に。

対訳

「報道：中国が極超音速ミサイル実験」

中国が8月に、核弾頭の搭載が可能な極超音速ミサイルの発射実験を行ったという。イギリスのメディアが報じた。

2021年10月19日

動詞としての test

「テスト」「試験」という名詞としておなじみの test は「～をテストする」「～を試す」「～を試験（実験）する」という動詞としても頻出です。
本文ではミサイルなどを「発射する」という動詞 fire と組み合わさった test-fire で「試しに発射する」「発射実験をする」「発射実験を行う」という意味になっています。

Trump to Launch New Social Media

Former U.S. President Donald Trump announced plans to launch his own social media network, called TRUTH Social, in early 2022.

Oct22,2021

CHECK!

- ☐ **launch** [lɔ́:ntʃ] … ～を開始する、～を立ち上げる
- ☐ **social media (network)** … ソーシャルメディア（ネットワーク）＝SNS
- ☐ **called** [kɔ́:ld] … ～と呼ばれる、～という名前の

訳出のポイント

- launch は事業などを「始める」「開始する」「立ち上げる」新しいことに「乗り出す」といった意味で頻出の動詞ですね。今日の場合は launch new social media (network) で「新しいソーシャルメディア（ネットワーク）を開始する」「新たな SNS を立ち上げる」となっています。
- called ～は「～と呼ばれる」「～という」「～という名前で呼ばれる」の意。そこで、called TRUTH Social は直前の his own social media network を受けて、「『トゥルースソーシャル』と呼ばれる自身のソーシャルメディアネットワーク」→『トゥルースソーシャル』という名前の自身のソーシャルメディアネットワーク」となるわけです。

対訳

「トランプ氏、新たなSNS立ち上げへ」

ドナルド・トランプ前米大統領が、「トゥルースソーシャル」という名前の自身のソーシャルメディアネットワークを2022年前半に立ち上げる計画を発表した。

2021年10月22日

SNSを英語で言うと

日本語ではSNSという言い方が一般的ですが、これはsocial networking service「ソーシャルネットワーキングサービス」の略。インターネットを介して、友人、知人といった社会相互性のつながりを広げていくためのオンラインサービスを指します。
ただし、英語ではsocial mediaあるいはsocial media networkという言い方が一般的なので、注意しておきましょう。

Japan Lifts Restaurant Restrictions

Coronavirus restrictions on eateries over serving of alcohol and operating hours were lifted in Tokyo, Osaka, and other areas of Japan for the first time in almost a year on Monday.

Oct27,2021

CHECK!

- ☐ **lift restrictions** … 規制を解除する
- ☐ **eatery** [íːtəri] **(=restaurant)** … 飲食店
- ☐ **serving of alcohol** … アルコール類の提供
- ☐ **operating hours** … 営業時間

訳出のポイント

● eatery は主に米国で使われる語で「食べる場所」→「食堂」「飲食店」の意。今日の場合は、restaurant と同義で用いられています。

● serve は「～に仕える」「～のために働く」という動詞。食事や飲み物を「出す」「提供する」「給仕する」という意味でも頻出です。そこで、serving of alcohol は「アルコール類を出すこと」→「アルコール類の提供」というわけです。

●動詞 operate の原意は機械などが「働く」「作動する」。ここから、店や会社などが「操業する」「営業する」という意味でもしばしば用いられます。ここでは、operating hours で「営業する時間」→「営業時間」となっています。

対訳

「日本、飲食店への規制を解除」

月曜日に日本で、東京、大阪およびその他の地域で、アルコール類の提供や営業時間をめぐる、飲食店に対する新型コロナウイルス規制がほぼ1年ぶりに解除された。

2021年10月27日

頻出単語 lift

lift はもともと重いものなどを「持ち上げる」「引き上げる」という動詞。ここから、禁止令、税金、包囲などを「解除する」「解く」「やめる」「取り除く」という意味でも頻出の単語となっています。
lift restrictions で「規制を解除する」「制限を解く」という意味ですね。

Japan's Princess Mako Marries

Japan's Princess Mako, the emperor's niece, and Kei Komuro had a press conference side by side as a couple after they tied the knot on Tuesday.

Oct28,2021

CHECK!

- ☐ **marry** [méri] **(=tie the knot)** … 結婚する
- ☐ **emperor** [émpərər] … 【日本】天皇
- ☐ **niece** [ní:s] … 姪
- ☐ **side by side** … 並んで、一緒に
- ☐ **couple** [kʌ́pl] … 夫婦

訳出のポイント

- emperor の語源は「指揮者」「国中に命令する人」という意味のラテン語 imperator。ここから、「皇帝」という名詞となり、日本の「天皇」も英語では emperor を使います。
- side by side は「(横に) 並んで」「一緒に」という表現。
- couple が「(男女の) 1組」「夫婦」「恋人同士」という意味なので、side by side as a couple の部分は「夫婦として (2人) 並んで」というわけですね。

対訳

「日本の眞子内親王がご結婚」

火曜日、日本の天皇の姪にあたる眞子内親王と小室圭さんが結婚した。その後、夫婦として2人並んで記者会見を行った。

2021年10月28日

tie the knot「結婚する」

marryは「結婚する」という一般的に使われる動詞ですね。それに対して、tie the knotという表現も「結婚する」の意味でしばしば使われるので確認しておきましょう。
knotはもともと綱、ひもなどの「結び目」を意味する名詞。ここから、とくに夫婦の「きずな」「縁」を意味する語にもなっています。
したがってtie the (marriage) knotで「(夫婦の) 縁を結ぶ」→「結婚する」というわけです。

U.S. Issues First Gender X Passport

The United States issued its first U.S. passport with an "X" gender marker, offering a third option for individuals who do not identify as female or male.

Oct29,2021

CHECK!

- ☐ **issue passport** … パスポート（旅券）を発給する
- ☐ **gender** [dʒéndər] **(marker)** … 性別（表示）
- ☐ **offer a third option** … 第三の選択肢を提供する
- ☐ **individual(s)** [ìndəvídʒuəl] … 個人、人
- ☐ **identify as** … 〜と特定する

訳出のポイント

- option は日本語でも「オプション」として浸透していますが、「選択」「選択肢」「選択権」を意味する名詞。offer a third option で「第三の選択肢を提供する」という意味になっています。
- individual はもともと「個々の」「個別の」「別々の」→「個人の」「個人的な」という形容詞。ここから集団、社会に対する「個人」、それぞれ異なる個性を持つ「人」「人間」といった意味の名詞としても、しばしば使われます。
- 本文末尾の individuals who do not identify as female or male は「女性あるいは男性として（自分を）特定しない人たち」ということですね。

☰ 対訳

「米、性別『X』のパスポートを初めて発給」

米国は、性別が『X』と表示された同国のパスポートを初めて発給した。女性あるいは男性と特定しない人たちにとって、第三の選択肢となる。　　2021年10月29日

gender markerの訳し方

gender「ジェンダー」は社会的、文化的役割としての「性」を意味する名詞。生物学上の「性」であるsexと対比される語ですが、直接的な表現を避けるために、婉曲表現としても用いられます。今日の場合はパスポートの「性別欄」の「性」「性別」という意味になっています。
markerは「目印」「指標」「標識」という名詞で、gender markerだと「性別（として表示された）標識」→「性別表示」「(記載された）性別」といった意味になります。そこで、U.S. passport with an "X" gender markerの部分は「『X』という性別表示のある米国パスポート」→「性別が『X』と表示された米国パスポート」ということですね。
本文前半The United States issued its first U.S. passport with an "X" gender markerを訳すと「米国は性別が『X』と表示された初めての米国パスポートを発給した」→「米国は性別が『X』と表示された同国のパスポートを初めて発給した」。

November,2021

1	17 Injured in Tokyo Train Knife and Arson Attack
2	Japan's General Election: Ruling LDP Retains Majority
9	Tesla Shares Slide after Elon Musk's Twitter Poll
10	Iraqi PM Survives Drone Attack on His Home
11	Nobel Laureate Malala Yousafzai Gets Married
12	Paul Rudd Named People Magazine's 'Sexiest Man Alive' in 2021
15	Japan's Ex-princess Mako Leaves for New York
16	Japan's Economy Dips to Negative Growth
17	Austria Implements COVID Lockdown for Unvaccinated
19	Angels Shohei Ohtani Is Unanimously AL MVP; First Two-way Player to Win

2021年11月

1日	東京:電車内で刃物・放火、17人負傷
2日	日本の総選挙、与党・自民党が過半数を維持
9日	テスラ株下落、マスク氏のツイッター投票受けて
10日	イラク首相、自宅をドローン攻撃されるも無事
11日	ノーベル賞受賞のマララ・ユスフザイさんが結婚
12日	ポール・ラッド、ピープル誌が選ぶ 『最もセクシーな男性』2021年に
15日	日本の元内親王、眞子さんが NYへ出発
16日	日本経済、マイナス成長に
17日	オーストリア、ワクチン未接種者を対象にロックダウン
19日	エンゼルス大谷翔平が満票選出で ア・リーグMVP、二刀流選手としては初

17 Injured in Tokyo Train Knife and Arson Attack

17 people were injured after a man brandished a knife, stabbed several passengers, then started a fire on a moving train in western Tokyo, Japan, Sunday night.

Nov1,2021

CHECK!

- □ **arson** [ɑ́ːrsn] … 放火
- □ **brandish** [brǽndɪʃ] … （武器などを）振り回す
- □ **stab** [stǽb] … ～を刺す
- □ **passenger** [pǽsəndʒər] **(s)** … 乗客
- □ **start a fire** … 火をつける
- □ **moving train** … 走行中の電車

訳出のポイント

- arsonは「放火」「放火罪」。見出しのin Tokyo train knife and arson attackは「東京の電車（で起きた）刃物および放火の攻撃（事件）」ということです。
- brandishの語源は「剣を振る」という古フランス語brandir。ここから、武器などを（…に向かって）「振り回す」という動詞になっています。
- stabは人・物を（とがった物で）「刺す」「突き刺す」という動詞。英字新聞では刃物などによる殺傷事件の記事でよく出てくる単語なので、しっかり再確認しておきましょう。
- moving trainは「動いている電車」→「走っている電車」「走行中の電車」。on a moving trainで「動いている電車で」「走行中の電車内で」というわけです。

対訳

「東京：電車内で刃物・放火、17 人負傷」

日曜夜に日本の東京西部で、男が走行中の電車内で刃物を振り回し、何人もの乗客を刺した後に火をつけた。17人が負傷した。

2021 年 11 月 1 日

severalは多いのか、少ないのか

severalは“少ない”というニュアンスを込めて「いくつかの」という場合と逆に“多い”という感じを込めて「いくつもの」「かなりの（数の）」という場合があります。
ここでは、stabbed several passengers で「何人もの乗客を刺した」となっていますね。

Japan's General Election: Ruling LDP Retains Majority

Japanese Prime Minister Fumio Kishida's Liberal Democratic Party secured 261 Lower House seats in Sunday's general election, winning a single-party majority.

Nov2,2021

CHECK!

- ☐ **general election** … 総選挙
- ☐ **ruling LDP (=Liberal Democratic Party)** … 与党の自民党（自由民主党）
- ☐ **retain majority** … 過半数を維持する
- ☐ **secure** [sɪkjúər] … ～を確保する
- ☐ **Lower House seat(s)** … 衆議院の議席
- ☐ **win a single-party majority** … 単独過半数を獲得する

訳出のポイント

- retain の語源は「持ち続ける」という意味のラテン語 retinere。ここから、人が（物・事・位置などを）「保つ」「保持する」「維持する」という動詞になっています。
- majority は「大多数」「大部分」という名詞。投票数や議席の「過半数」という意味でもよく使われる単語です。そこで、見出しの retain majority は「過半数を保持する」「過半数を維持する」ということですね。
- win a single-party majority は直訳すると「単独政党の過半数を勝ち取る」。つまり、政党が「単独過半数を獲得する」という意味ですね。

対訳

「日本の総選挙、与党・自民党が過半数を維持」

日曜日に行われた総選挙で、岸田文雄首相が率いる与党・自民党が衆議院で261議席を確保し、単独過半数を獲得した。

2021年11月2日

衆議院、参議院をどう訳すか

(the) Lower Houseは二院制議会の「下院」を指します。
そして、日本では「衆議院」がLower Houseになるわけです。
正式にはHouse of Representativesと言います。
対して「参議院」は(the) Upper House、正式にはHouse of Councillorsなので、あわせて確認しておきましょう。
ここではsecured 261 Lower House seatsで「261の衆議院議席を確保した」→「衆議院で261議席を確保した」となっています。

Tesla Shares Slide after Elon Musk's Twitter Poll

Tesla shares fell by 4.9% on Monday after 58% of Elon Musk's Twitter followers voted in favor of the CEO selling 10% of his shares in the electric carmaker.

Nov9,2021

CHECK!

- □ **share** [ʃéər](s) … 株
- □ **slide** [sláɪd] **(=fall)** … 下落する
- □ **poll** [póul] … 投票
- □ **vote in favor of** … 〜に賛成票を投じる
- □ **electric carmaker** … 電気自動車メーカー

訳出のポイント

- slide はもともと氷の上などを「なめらかに滑る」「滑るように進む」「滑走する」という動詞。ここから物などが「滑り落ちる」→数量、通貨価値、価格などが「落ちる」「下落する」「減少する」という場合にも使われます。今日の場合は、株価が「下落する」(=fall) という意味で出ていますね。
- poll の語源は「頭のてっぺん」を意味する中期オランダ語の pol。「頭」→「頭の数を数える」から「投票」「投票数」「投票結果」「世論調査」という意味の名詞となっています。
- 本文後半の voted in favor of the CEO selling 10% of his shares in the electric carmaker の部分は「その最高経営責任者（=マスク氏）が保有するその電気自動車メーカー（=テスラ）の株の 10%を売ることに賛成票を投じた」という意味になるわけですね。

☰ 対訳

「テスラ株下落、マスク氏のツイッター投票受けて」

電気自動車メーカー・テスラのイーロン・マスク最高経営責任者のツイッターで、フォロワーの58%が同氏が保有するテスラ株10%を売却することに賛成票を投じたのを受け、テスラ株は月曜日に4.9%値を下げた。

2021年11月9日

vote in favor of ～の訳し方

favorは「好意」「親切心」「是認」「支持」の意。
in favor of ～で「～の方を好んで」「～に賛成の（で）」「～に味方して」という意味になります。
voteは「投票する」という動詞なので、vote in favor of ～で「～の方に好んで投票する」「～に賛成して投票する」→「～に賛成票を投じる」というわけです。
ちなみに、vote against ～だと「～に反対して投票する」「～に反対票を投じる」になります。対になる表現として確認しておきましょう。

Iraqi PM Survives Drone Attack on His Home

Iraqi Prime Minister Mustafa al-Kadhimi escaped unhurt after drones laden with explosives struck his residence early Sunday.

Nov10,2021

CHECK!

- ☐ **PM (Prime Minister)** … 首相
- ☐ **survive** [sərváɪv] … ～を切り抜けて生き残る
- ☐ **drone attack** … ドローン（による）攻撃
- ☐ **escape unhurt** … 無事に逃れる
- ☐ **laden with explosives** … 爆発物を搭載した
- ☐ **strike** [stráɪk] …【動詞】～を攻撃する
- ☐ **residence** [rézədəns] **(=home)** … 住居、家

訳出のポイント

- surviveは事故、災害、危機、逆境などを「切り抜けて生き残る」。今日の見出しではsurvives drone attack on his homeで「彼の家に対するドローン攻撃を切り抜けて生き残る」→「自宅をドローン攻撃されたが、無事である」。
- unhurtが「傷ついていない」「無傷の」という形容詞なので、本文で使われているescape unhurtは事故、災害などから「無傷で逃れる」「負傷せずに脱出する」「無事に切り抜ける」という意味になるわけです。
- ladenは「(荷などを) 積む」という動詞ladeの過去分詞形。ここから「(荷などを) 積んだ」という形容詞になっています。laden with ～は「～を積んだ」「～を搭載した」。drones laden with explosivesだと「爆発物を積んだドローン」。

対訳

「イラク首相、自宅をドローン攻撃されるも無事」

イラクのムスタファ・アル・カディミ首相は日曜未明、自宅で爆破物を搭載したドローンによる攻撃を受けたが、自身は無事に逃れた。

2021年11月10日

residence と house の違い

residence は「住宅」「家」「邸宅」の意。
基本的には house や home と同義ですが、より重々しい形式ばった単語と理解しておけばいいと思います。
総理などの「公邸」や「邸宅」に当たる英単語として登場することも多く、その旨も確認しておきましょう。

Nobel Laureate Malala Yousafzai Gets Married

Malala Yousafzai, the Nobel Peace Prize winner and Pakistani activist, tied the knot with her partner during an Islamic nikkah ceremony in Birmingham, she announced on Instagram on Tuesday.

Nov11,2021

CHECK!

- ☐ **Nobel laureate (=Nobel Prize winner)** … ノーベル賞受賞者
- ☐ **get married (=tie the knot)** … 結婚する
- ☐ **Nobel Peace Prize** … ノーベル平和賞
- ☐ **Pakistani activist** … パキスタン人の活動家
- ☐ **Islamic nikkah ceremony** … イスラムの儀式ニカー

訳出のポイント

- tie the knot は tie the marriage knot の略で「婚姻の絆を結ぶ」→「結婚する」。ここでは tied the knot with her partner で「パートナーと結婚した」となっています。
- nikkah「ニカー」はイスラム法に基づく伝統的な結婚契約の儀式です。今日の記事では during an Islamic nikkah ceremony で「イスラムの儀式ニカーの間に（結婚した）」→「イスラムの儀式ニカーを行って結婚した」ということです。

対訳

「ノーベル賞受賞の
マララ・ユスフザイさんが結婚」

ノーベル平和賞受賞者でパキスタン人の活動家、マララ・ユスフザイさんがバーミンガムでイスラムの儀式ニカーを行い、パートナーと結婚した。火曜日にマララさんがインスタグラムで明らかにした。

2021年11月11日

laureateの訳し方

laureateの語源は「月桂樹の冠」を意味するラテン語laureatus。古代ギリシア、ローマ時代には、詩作はスポーツと同様に競技とみなされ、勝利者には詩神アポロンゆかりの月桂樹の枝葉で編んだ月桂冠が授けられました。
この月桂冠を授けられた詩人のことをlaureate「桂冠詩人」と呼びます。
英国では17世紀に、王室の慶弔の際に詩を作る役職としてpoet laureate「桂冠詩人」が設けられ、現在も続いています。
そして、これが転じて「栄誉を受けた人」「(大きな賞の)受賞者」のこともlaureate（= winner）と呼ぶようになったわけです。
そこで、見出しのNobel laureateは「ノーベル賞を受賞した人」「ノーベル賞受賞者」ということですね。

Paul Rudd Named People Magazine's 'Sexiest Man Alive' in 2021

U.S. actor Paul Rudd, known for his starring roles in Marvel's "Ant-Man" films and "This is 40," was named 2021's "Sexiest Man Alive" by People magazine.

Nov12,2021

CHECK!

- □ **(be) named** [néɪmd] … ～に選ばれる
- □ **People magazine** …【米】雑誌『ピープル』
- □ **alive** [əláɪv] … 生存して、生きていて
- □ **best known for** … ～で最もよく知られている
- □ **starring role(s)** … 主役

訳出のポイント

● alive は「生存して」「生きていて」という形容詞。そこで、(the) sexiest man alive は「生存している（中で）最もセクシーな男性」→「この世で最もセクシーな男性」という意味合いになっています。ただ、文字通りというよりは強調するために使われていると考えましょう。日本語訳も「最もセクシーな男性」としています。

●ポール・ラッドは The 40 Year Old Virgin「40歳の童貞男」や This is 40「40歳からの家族ケーカク」などジャド・アパトーのコメディ映画で人気を集めました。そして、最近では Marvel Cinematic Universe「マーベル・シネマティック・ユニバース（MCU）」のキャラクターである Ant-man「アントマン」として活躍していますね。

対訳

「ポール・ラッド、ピープル誌が選ぶ「最もセクシーな男性」2021年に」

米俳優で、マーベルの「アントマン」映画や「40歳からの家族ケーカク」などの主役として知られているポール・ラッドさんが、ピープル誌の2021年度「最もセクシーな男性」に選ばれた。

2021年11月12日

動詞としてのname

「名前」「姓名」という名詞としておなじみのname。
英字新聞では「〜の名前をあげる」→「〜を指名する」「〜に選ぶ」という動詞としてしばしば登場しています。
be named 〜「〜に選ばれる」という受動態で使われることが多い表現でもあります。

Japan's Ex-princess Mako Leaves for New York

Japan's former princess Mako, the emperor's niece, departed the country for New York with her husband to start a new life in the United States on Sunday.

Nov15,2021

CHECK!

- ☐ **ex-princess (=former princess)** … 【日本】元内親王
- ☐ **leave (=depart) for** … ～へ向けて出発する
- ☐ **niece** [níːs] … 姪

訳出のポイント

- ex はもともと「先夫」「先妻」「前の恋人」を意味する名詞。ここから、「かつての」「前の」という形容詞としても用いられます。ハイフンとともに名詞の前につける「前～」「元～」という接頭辞としてもよく使われるので、注意しましょう。今日の見出しでは ex-princess で「元内親王」となっています。
- princess は「王女」「皇女」「親王妃」を意味する名詞。日本の「内親王」も princess になるわけです。
- leave for ～は「～に向かって去る」「～へ出発する」。leave for NY で「NY へ出発する」ということですね。

対訳

「日本の元内親王、眞子さんがNYへ出発」

日本の元内親王で天皇の姪の眞子さんが日曜日、米国での新生活を始めるために夫とともに日本を発ちニューヨークへと向かった。

2021年11月15日

departとleave

departは人、列車、バス、飛行機などが旅などに「出発する」という動詞で、leaveとほぼ同じ意味で使われますが、より正式な語となっています。
そこで、departed the country for New Yorkの部分は「ニューヨークに向かってその国（日本）を去った」→「日本を発ってニューヨークへ向かった」というわけです。

Japan's Economy Dips to Negative Growth

Japan's economy, the world's third largest after the U.S. and China, shrank by an annualized rate of 3% in the July-September quarter, government data showed on Monday.

Nov16,2021

CHECK!

- ☐ **dip to negative growth** … マイナス成長に落ち込む
- ☐ **shrink by _%** … __%縮小する
- ☐ **annualized rate** … 年率換算
- ☐ **July-September quarter** … 7－9月期（=第3四半期）

訳出のポイント

- negative growthは経済用語で「マイナス成長」。通例、GDP「国内総生産」が前期に比べ減少、つまり、"経済規模が縮小していること"→"経済成長率がマイナスになっていること"を意味します。
- dipは物、値段、売り上げなどが「下がる」という動詞です。そこで、dip to negative growthだと経済が「マイナス成長へと下がる」→「マイナス成長に落ち込む」「マイナス成長になる」という意味になるわけです。
- shrinkは「縮む」「小さくなる」という動詞で、ここでは経済が「縮小する」という意味になっています。shrink by _%で「__%小さくなる」「__%縮小する」ということですね。
- 本文末尾のgovernment data showed on Mondayは、直訳すると「政府のデータが月曜日に示した」。対訳では「月曜日に政府が示した（発表した）データによると」。

対訳

「日本経済、マイナス成長に」

月曜日に政府が発表したデータによると、米国と中国に次いで世界第3位の日本経済は7−9月期には年率換算で3%縮小した。

2021年11月16日

「年換算する」annualize

annualizedは「年間で計算する」「年率に換算する」という動詞annualizeの過去分詞が形容詞化したもので、「年率換算した」「年換算で」の意。
したがってshrank by an annualized rate of 3%の部分は「年率換算で3%縮小した」となっています。

Austria Implements COVID Lockdown for Unvaccinated

Austria implemented lockdown measures for those who are not fully vaccinated against COVID-19, as the country faces a surge in cases.

Nov17,2021

CHECK!

- □ **implement lockdown (measures)** … ロックダウン措置を実施する
- □ **unvaccinated** [ʌnvǽksinèitəd] … ワクチン未接種の
- □ **(be) fully vaccinated** … ワクチン接種を終える
- □ **face** [féɪs] … ～に直面する
- □ **surge in cases** … 患者（数）の急増→感染者数の急増

訳出のポイント

● vaccinated は「ワクチン接種を受けた」「ワクチン接種済みの」という形容詞で、その前に否定の接頭辞 un- が加わった unvaccinated は「ワクチン接種を受けていない」「ワクチン未接種の」の意。見出しでは unvaccinated (people)「ワクチン接種を受けていない人（たち）」→「ワクチン未接種者」を意味しています。そして、これは、本文では

those who are not fully vaccinated against COVID-19

と説明されています。

● those who…は「…する（…の）人たち」という意味。すなわち、「新型コロナウイルスに対するワクチン接種を終えていない人」ということですね。

対訳

「オーストリア、ワクチン未接種者を対象にロックダウン」

新型コロナウイルス感染者数の急増に直面するオーストリアでは、ワクチン接種を終えていない人を対象に、ロックダウン措置が実施された。

2021年11月17日

動詞として使われる face

face は「顔」「顔面」という名詞としておなじみの単語。「〜に面している」「〜に向き合う」とくに、困難、危険などに「立ち向かう」「直面する」という動詞としても頻出です。

そこで、本文末尾の as…以下は「(新型コロナウイルス)患者数の急増に直面する中で(オーストリアは)」→「新型コロナウイルス感染者数の急増に直面するオーストリアでは」となるわけです。

Angels Shohei Ohtani Is Unanimously AL MVP; First Two-way Player to Win

Los Angeles Angels' two-way superstar, Shohei Ohtani, who came off a sensational, almost unprecedented 2021 season, was unanimously named the American League's Most Valuable Player on Thursday. Nov19,2021

CHECK!

- [ ] **unanimously** [ju(ː)nǽnəməsli] … 満場一致で→満票(選出)で
- [ ] **two-way player** … 二刀流選手
- [ ] **come off** … 〜を達成する
- [ ] **sensational** [senséɪʃənl] … 素晴らしい
- [ ] **almost unprecedented** … ほぼ前代未聞の、前例のない

訳出のポイント

- MVP は日本語にもそのまま浸透していますが、most valuable player「最優秀選手」の略ですね。
- unanimously は意見、票、決定、合意などにおいて「満場一致で」「全員一致で」という副詞。今日の場合は、MVP を決める投票で「満票で」という意味になっています。
- two-way はもともと「2 方向の」「両方の」「両用の」「双方向の」などという意味の形容詞。two-way player は投手としてもバッターとしても優れた野球選手や、攻守双方に優れたバスケットボール選手などいわゆる「二刀流選手」に当たる表現になっています。大谷選手はまさに two-way superstar「二刀流の大スター（選手)」ですね。

☰ 対訳

「エンゼルス大谷翔平が満票選出でア・リーグMVP、二刀流選手としては初」

ロサンゼルス・エンゼルスの二刀流大スターで、ほぼ前代未聞の素晴らしい成績で2021年シーズンを終えた大谷翔平選手が木曜日、アメリカン・リーグのMVP（最優秀選手）に満票で選出された。

2021年11月19日

さまざまな意味を持つ come off

come off はさまざまな意味で使われる成句。
今日の場合は、「〜を達成する」「〜（という結果）で終える」という意味合いで用いられています。
そこで、[,] ではさまれた who came off a sensational, almost unprecedented 2021 season の部分は「素晴らしくて、ほぼ前代未聞の2021年シーズンを達成した（エンゼルス大スターの大谷翔平選手）→「ほぼ前代未聞の素晴らしい成績で2021年シーズンを終えた（エンゼルス大スターの大谷翔平選手）」というわけですね。

December,2021

1 Japan Bars Foreign Visitors

2 Twitter's Jack Dorsey Steps Down as CEO

3 WTA Announces Immediate Suspension of Tournaments in China

2021年12月

1日　日本、外国人入国を禁止

2日　ツイッターのジャック・ドーシー氏、CEO退任

3日　女子テニス協会、中国大会の即時中止を発表

Japan Bars Foreign Visitors

The Japanese government banned new foreign visitors for at least one month from Tuesday following the emergence of the new variant of the coronavirus, Omicron.

Dec1,2021

CHECK!

- ☐ **bar (ban) foreign visitors** … 訪日外国人（の入国）を禁止する
- ☐ **following** [fɑ́:louɪŋ] … ～に続いて→～を受けて
- ☐ **emergence** [ɪmə́:rdʒəns] … 出現
- ☐ **new variant of the coronavirus** … 新型コロナウイルスの新変異種
- ☐ **Omicron** [ɑ́:məkrɑ̀:n] … オミクロン（株）

訳出のポイント

- 「～に続く」「～の次にくる」「～に従う」という意味の動詞 follow の現在分詞が前置詞化した following は「～の後に」「～に続いて」→「～を受けて」。英字新聞でよく目にする単語です。しっかり確認しておきましょう。
- emergence は、「現れる」「出てくる」「出現する」「発生する」という動詞 emerge から派生した名詞。「出現」「台頭」「発生」といった意味になっています。ここから、本文後半の following 以下は「新型コロナウイルスの新たな変異種（である）オミクロン株の出現を受けて」ということですね。

対訳

「日本、外国人入国を禁止」

新型コロナウイルスの新たな変異種オミクロン株の出現を受け、日本政府は火曜日から少なくとも1カ月、外国人の新規入国を禁止した。

2021年12月1日

bar と ban

bar はもともと木や金属の「棒」を意味する名詞。
ここから、門、窓の「かんぬき」「横木」「桟」「格子」を意味します。そして、戸や門などの「かんぬきをかける」道路などを「横木で閉じる」→「〜をふさぐ」「〜を妨げる」→「〜を禁止する」という動詞としてもしばしば使われます。
そこで、今日の見出しは「日本が外国人訪問者を禁止する」→「日本が訪日外国人を禁止する」→「日本が外国人の入国を禁止する」となっています。
また、本文で bar を言い換える形で使われている ban は出版、上映、行動、展示、入場などを（法的に）「禁止する」「差し止める」の意。したがって banned new foreign visitors で「新しい訪日外国人（の入国）を禁止した」→「外国人の新規入国を禁止した」というわけです。

Twitter's Jack Dorsey Steps Down as CEO

Jack Dorsey, Twitter's co-founder and one of Silicon Valley's most prominent figures, is stepping down as chief executive of the company.

Dec2,2021

CHECK!

- ☐ **step down as** … ～を退任する
- ☐ **CEO (= chief executive officer)** … 最高経営責任者
- ☐ **co-founder** … 共同創業者
- ☐ **Silicon Valley** … シリコンバレー
- ☐ **prominent figure** … 有名な人物

訳出のポイント

● Silicon Valley は米カリフォルニア州北部サンフランシスコ・ベイエリア南部にある工業集積地域の名称。Silicon「シリコン」（ケイ素）を主原料とする半導体のメーカーが多く集まっていたことと、地形が valley「渓谷」であることが由来となっています。Apple、Intel、Google、Facebook などソフトウェアやインターネット関連企業が多数生まれました。

● prominent はもともと「突き出た」「突出した」という形容詞。ここから、「目立った」「人目につきやすい」→「卓越した」「有名な」「重要な」という意味でもしばしば使われます。

● figure は「人の姿」「体型」あるいは「数字」「図形」などの意味で使われる名詞ですね。通例形容詞をともなって～の「人物」「大人物」「大立者」という意味合いでもしばしば用いられる単語です。そこで、prominent figure は「有名な人物」「重要人物」を指して使われる言い方となっています。

対訳

「ツイッターのジャック・ドーシー氏、CEO退任」

ツイッターの共同創業者でシリコンバレーで最も有名な人物の1人であるジャック・ドーシー氏が、最高経営責任者を退任する。

2021年12月2日

英字新聞頻出表現 step down

step downはもともと「降りる」という成句。
英字新聞では「辞任する」「辞職する」「退任する」「退陣する」という意味で頻出の重要表現。しっかり確認しておきましょう。
step down as ～で「～の地位（職）を退任する」という意味になります。動詞resignと同義なので、こちらとあわせて使えるようにしておきたいですね。
今日の見出しではstep down as CEOで「CEO（最高経営責任者）を退任する」というわけです。

WTA Announces Immediate Suspension of Tournaments in China

The Women's Tennis Association announced an immediate suspension of all its tournaments in China, including Hong Kong, amid growing concern for Chinese tennis player Peng Shuai.

Dec3,2021

CHECK!

- □ **WTA (Women's Tennis Association)** … 女子テニス協会
- □ **immediate suspension** … 即時中止
- □ **tournament** [tuərnəmənt] **(s)** … トーナメント（競技大会）
- □ **including** [inklú:diŋ] … ～を含む
- □ **amid growing concern for** … ～への懸念が高まる中で
- □ **Peng Shuai** …【中国】彭帥（テニス選手の名前）

訳出のポイント

- suspension はもともと「つるすこと」「つるされること」「宙づり」「宙ぶらりん（な状態）」を意味する名詞。
ここから、一時的な「停止」「中止」「延期」という意味でもよく用いられる単語となっています。今日の場合は、WTA ツアーの大会（開催）の「中止」ということですね。
- immediate が「即時の」「即座の」「当面の」という形容詞なので immediate suspension で「即時の中止」「ただちに中止すること」となっています。今日の場合は announce an immediate suspension of ～で「～の即時中止を発表する」「～をただちに中止することを発表する」というわけです。

対訳

「女子テニス協会、中国大会の即時中止を発表」

中国のテニス選手・彭帥（ポンショワイ）さんへの懸念が高まる中、女子テニス協会は香港を含む中国での全トーナメントをただちに中止すると発表した。

2021年12月3日

英字新聞頻出表現 growing concern

growing concern は「高まる懸念」。
amid growing concern for ～
あるいは
amid growing concern over ～
で「～に対する高まる懸念の中で」「～への懸念が高まる中で」という表現になっています。英字新聞でも頻出なので、しっかり確認しておきましょう。

INDEX

CHECK！欄に出てくる単語をアルファベット順に並べました。
数字は、単語が出てくるページです。
学習のまとめ、単語の総整理などにお使いください、

A

B

C

D

E

F

G

H

I

N

O

P

S

T

U

V

W

一〇〇字書評

切り取り線

購買動機（新聞、雑誌名を記入するか、あるいは○をつけてください）	
□（　　　　　　　）の広告を見て	
□（　　　　　　　）の書評を見て	
□ 知人のすすめで	□ タイトルに惹かれて
□ カバーがよかったから	□ 内容が面白そうだから
□ 好きな作家だから	□ 好きな分野の本だから

●最近、最も感銘を受けた作品名をお書きください

●あなたのお好きな作家名をお書きください

●その他、ご要望がありましたらお書きください

住所	〒				
氏名		職業		年齢	
新刊情報等のパソコンメール配信を 希望する・しない	Eメール	※携帯には配信できません			

あなたにお願い

この本の感想を、編集部までお寄せいただけたらありがたく存じます。今後の企画の参考にさせていただきます。Eメールでも結構です。

いただいた「一〇〇字書評」は、新聞・雑誌等に紹介させていただくことがあります。その場合はお礼として特製図書カードを差し上げます。

前ページの原稿用紙に書評をお書きの上、切り取り、左記までお送り下さい。宛先の住所は不要です。

なお、ご記入いただいたお名前、ご住所等は、書評紹介の事前了解、謝礼のお届けのためだけに利用し、そのほかの目的のために利用することはありません。

〒一〇一-八七〇一
祥伝社黄金文庫編集長　萩原貞臣
☎〇三（三二六五）二〇八四
ohgon@shodensha.co.jp

祥伝社ホームページの「ブックレビュー」からも、書けるようになりました。
www.shodensha.co.jp/bookreview

祥伝社黄金文庫

1日1分！ 英字新聞 2022年版
ニュースで身につく使える英語

令和4年1月20日 初版第1刷発行
令和4年2月15日 第2刷発行

著 者 石田 健

発行者 辻 浩明

発行所 祥伝社

〒101－8701
東京都千代田区神田神保町3－3
電話 03（3265）2084（編集部）
電話 03（3265）2081（販売部）
電話 03（3265）3622（業務部）
www.shodensha.co.jp

印刷所 萩原印刷

製本所 ナショナル製本

Printed in Japan ISBN978-4-396-31819-2 C0182

全ての英文が
スマホから
無料で聴けます

スマホの場合

❶ お持ちのスマートフォンにアプリをダウンロードしてください。
ダウンロードは無料です。

QRコード読み取りアプリを起動し、
右のQR コードを読み取ってください。
QRコードが読み取れない方はブラウザから、
https://www.abceed.com/にアクセスしてください。

❷「石田健」で検索してください。

❸ 石田健先生の著作リストが出てきます。
その中に本書もありますので、音声をダウンロードしてください。
有料のコンテンツもあります。

〈ご注意〉
・音声ファイルの無料ダウンロードサービスは、予告なく中止される場合がございますので、ご了承ください。
・本サービスへのお問い合わせはAbceedにお願いします。サイト内に「お問い合わせフォーム」がございます。